통신 빅뱅,
출구전략을 찾아라!

글로벌 통신 혁명 시대의 이동 비즈니스 센터, 휴대전화
세계 시장에 통신 체인점을 세워라!

Beautiful Society

통신 빅뱅,
출구전략을 찾아라!

이창우 지음

흰 기러기 둥지는
어디에 있는가?

흰기러기 둥지를 아는가? 이것은 지구 온난화의 위기 속에서 북극곰들 중 일부가 찾아낸 새로운 희망으로 전 세계적인 화두가 되고 있다. 위기를 돌파하는 해법이 바로 그곳에 있기 때문이다. 북극곰들이 환경 변화로 인해 위기에 내몰리고 있는 것처럼 최근의 경제 위기는 힘없는 서민의 삶을 더욱 옥죄고 있다. 이에 따라 전대미문의 경제 위기로 쓰러져가는 서민들이 흰기러기 둥지를 찾는 데 조금이라도 도움을 주고자 이 책을 쓰게 된 것이다.

5년 전, 나는 유비쿼터스와 FTA 그리고 네트워크가 만나 21세기의 거대한 신문명을 이루는 동시에 세계 시장에 u-Trade라는 새로운 유통 혁명이 일어나 빅뱅을 이룰 것임을 예견했다. 이를 설명한 저서 ≪u-Trade 빅뱅≫은

20만 부 이상이 팔리면서 네트워크마케팅 업계의 교과서로 자리매김했고 시중에는 빅뱅 신드롬이 생기기도 했다.

당시 나는 빅뱅의 한가운데에서 약진하고 있는 하나의 커다란 흐름을 감지하고 이를 책으로 썼었다. 빅뱅 혁명의 주체인 시민들이 혁명을 수행하는 수단으로 사용하던 여러 가지 문명의 이기 중에서 유독 휴대전화의 전방위적인 진화가 눈에 띄었던 것이다. 나는 특히 휴대전화가 '인류 역사상 가장 인간 친화적'이라는 칭송과 함께 '제 2의 육신'으로 불릴 만큼 감정이입적인 필수품으로 자리 잡는 것에 주목했다. 그뿐 아니라 그 기기의 활용 가치가 다방면으로 증대되고 있다는 사실에 관심을 기울였다. 휴대전화는 스스로 눈부신 진화를 거듭하며 새로운 혁명을 잉태하고 있었던 것이다.

이러한 상황에서 휴대전화의 무한 진화에 감탄하며 그 발전의 중간 점검을 해보겠다는 의도로 4년 전에 ≪유비쿼터스 시대의 히브, 휴대폰≫을 펴내기도 했다. 그러나 휴대전화 업계에서 4년 전이란 가히 '고전'에 해당한다. 그런 의미에서 휴대전화 진화의 다양성과 진취성에 다시 한 번 놀라움을 금치 못하며 제2의 중간 점검을 해보고자 한다. 휴대전화로 상징되는 세상의 진화 속에서 서민들의 흰기러기 둥지를 발견하고 싶기 때문이다.

하지만 ≪u-Trade 빅뱅≫을 저술하던 무렵과 마찬가지로 이 책을 쓰면서 구상 단계에서부터 많은 고민을 했다. 새로운 트렌드와 정보, 혁명의 단초를 제공하고 이에 대비하는 방법을 찾다 보니 책 내용이 어려워졌던 까닭이다. 어쩌면 그것은 당연한 일인지도 모른다. 독자에게 익숙한 과거의 일이 아니라 독자들의 눈과 귀에 익숙지 않은 다가올 트렌드와 정보를 다뤄야 하기 때문이다. 특히 노년층이나 사회적인 접촉이 부족한 주부층에서 이 분야를 어려워하는 편이다. 반면 기업인, 직장인, 공무원, 학생 등 젊은층이나 인터넷을 자주 사용하는 디지털층은 매우 열광적인 반응을 보인다. 이러한 인식과 이해의 양극화로 내 고민은 깊어질 수밖에 없었다.

결국 나는 비록 초기에는 어려울지 모르지만 독자에게 정확한 정보를 제공함으로써 이에 대비하고 활용할 수 있도록 하겠다는 결론을 내렸다. 지금 어렵다고 하는 정보도 몇 년 지나지 않아 일상적인 것으로 자리 잡을 게 뻔하니까 말이다.

≪u-Trade 빅뱅≫에 실린 내용에 대해서도 출판 당시에는 뜬구름 같다느니 소설이라느니 하는 말을 많이 들었

다. 그러나 그 책 내용의 80~90퍼센트가 실현되거나 진행 중인 지금은 5년 후를 내다본 선견성을 인정받고 있다. 특히 네트워크마케팅 업계에서는 폭발적인 사랑을 받고 있다.

그러한 성원에 힘입어 휴대전화 진화의 두 번째 중간 점검이라 할 수 있는 이 책에서도 휴대전화의 최근 트렌드와 정보, 지식, 이론, 표준, 디자인, 기능, 진화 방향, 비즈니스 활용도 등의 정보를 제공하고자 한다. 나아가 서민들이 휴대전화를 활용해 흰기러기 둥지를 발견할 수 있는 방안을 제시할 계획이다.

혹자는 국내 시장용으로 일반 독자의 구미에 맞도록 책을 쉽게 펴내면 판매량을 확 늘릴 수 있다고 말한다. 나 또한 그런 현실을 잘 알고 있다. 하지만 이미 글로벌 시장에서 벌어지고 있고 곧 우리에게 닥칠 쓰나미를 알면서 어떻게 정보니 대안이 부족한 독자들의 입맛에만 맞는 책을 펴낼 수 있단 말인가! 나는 이 책을 쓰는 본래의 목적에 충실하고자 한다. 무엇보다 현명한 독자들을 믿고 용기를 냈다.

아마도 이 책은 많은 독자에게 어려운 최신 정보나 지식으로 비춰질 것이다. 그래도 최선을 다해 쉬운 표현을 사용했고, 기술 진보 및 서비스의 신뢰성을 담보하기 위해 언론에 공개된 기업이나 인물의 실명을 넣었다. 물론 쉬운 표현이 불가능한 용어나 이론, 정보, 그리고 현실에서 벌어지는 사례 등은 예외지만 말이다.

이제 독자 여러분이 이 책을 잘 활용하기를 바라면서 몇 가지 부탁을 드리고자 한다.

첫째, 이 책에서 말하는 휴대전화의 진화 흐름을 잘 이해해야 한다. 특히 네트워크마케팅 업계는 휴대전화의 통신 및 오락 기능 등 현재의 기능보다 상거래, 비즈니스, 무역, 금융, 문서, 미디어, 창조 기능 등 앞으로의 기능과 활용도를 참고해 업무나 사업에 활용하길 바란다. 그렇게 하면 더욱 큰 시장과 비전이 보일 것이기 때문이다.

둘째, 글로벌 시장에서의 구체적인 휴대전화 활용에 주목해야 한다. 무엇보다 FTA로 대변되는 통합된 글로벌 시장에서 휴대전화의 기능, 트렌드, 활용도, 표준 등에 관심을 기울일 필요가 있다. FTA 시장에서는 휴대전화로 물건을 사고 국제간 거래를 할 수 있으며 세계 어디에서든 결제를 할 수 있다. 이른바 u-Trade의 상용화가 이뤄지는 것이다. 더욱 중요한 것은 u-Trade의 국제 표준을 한국이 주도한다는 사실이다. 따라서 우리는 이를 더욱 잘 활용하고 선점할 준비를 해야 한다.

셋째, 해외 시장을 개척해야 한다. 이미 우리의 통신 업체들은 해외 시장 개척에 시동을 걸었으므로 그들과 함께 넓은 시장으로 나가야 한다. 예를 들어 우리와 FTA를 체결한 인도는 인구가 12억 명인 데다 국민의 평균 연령이 스물네 살인 젊은 국가이다. 이 젊은 인도에서 일본 같은 노령 국가에서 인기가 있는 노인 산업, 건강, 웰빙 케어 등의 콘텐츠가 팔리겠는가? 물론 그렇지 않다. 분명 모바일 게임, 컬러링, 아바타르, 사이버 금융 같은 사이버 콘텐츠가 더 잘 팔릴 것이다.

다시 한 번 강조하지만 이제는 네트워크마케팅 업체들도 거대한 물결이 넘실대는 글로벌 시장으로 나가야 한다. 그것은 네트워크마케팅 업체의 운명을 결정지을 변곡점이다. 국내 대리점 모델에 안주해 글로벌 시장을 개척하지 못하는 통신 사업자는 분명 빠른 속도로 소멸의 길을 걷게 될 것이나. 통신 사업자들의 비전은 거대한 시장, 엄청난 통신 요금, 저렴한 사업비, 그리고 이에 따른 놀라운 소득에 있다. 그 모든 것을 제공하는 것이 바로 FTA로 대변되는 거대한 글로벌 시장이다.

경계선을 벗어나면 흰기러기 둥지를 볼 수 있다. 그러므로 밖으로 나가라. 나가서 거대한 신천지를 선점해야 한

다. 서둘러 국내 대리점에서 벗어나라. 이제 세계 어디에
서나 휴대전화로 결제를 할 수 있으므로 세계 시장에 통신
체인점을 세워야 한다. 이것이 현재의 어려움을 벗어날 수
있는 통신업계의 출구전략이다.

　아무쪼록 이 책이 제공하는 최신 정보와 지식, 트렌드가
독자들의 발전 및 사업에 도움이 되길 바라며 여러분의 많
은 사랑을 기대한다. 이 책을 잘 활용한다면 분명 자신의
흰기러기 둥지를 볼 수 있을 것이다. 아울러 몇 년 후 휴대
전화에 관한 흐름을 되짚어 보고 미래의 트렌드를 점검하
는 3차 작업에 착수할 것을 약속한다.

2009. 9. 1
파주의 우거에서
이창우

제5장 휴대전화로 돈을 번다

제6장 통신 사업, 흰기러기 둥지는 어디에 있는가?

통신 빅뱅, **출구전략**을 찾아라!

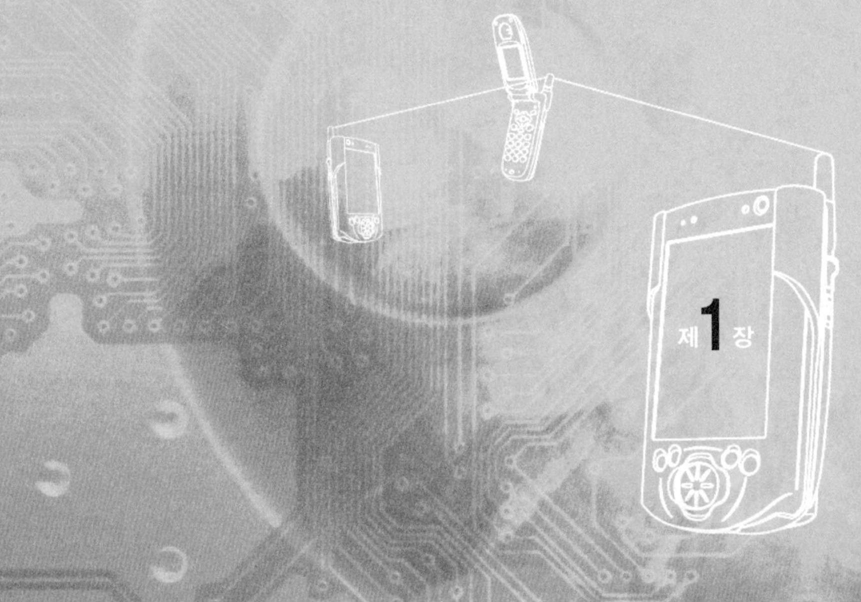

제 **1** 장

세계는 지금
국경 없는 통신 전쟁 중

세계는 지금 국경 없는 통신 전쟁 중

1. 흰기러기 둥지를 아는가?

'북극의 눈물'을 닦아 주는 흰기러기 둥지

흰기러기 둥지를 아는가? 이것은 지구 온난화의 위기 속에서 생사의 기로에 놓인 북극곰들 중 일부가 찾아낸 새로운 희망이다. 한마디로 위기를 돌파하는 해법인 것이다. 북극곰과 마찬가지로 경제 위기의 태풍 앞에 내팽개쳐진 지구촌은 지금 흰기러기 둥지 찾기에 사활을 걸고 있다.

수만 년간 북극곰은 얼음 위에서 물범이나 물개를 사냥하며 생존해 왔다. 그런데 지구 온난화로 북극의 얼음이 녹으면서 그 유일한 생존 기술이 서서히 무용지물로 전락하고 있다. 이를 가리켜 '북극의 눈물'이라고 한다. 그렇지만 북극곰 중 일부 모험심 강한 곰들은 전통적인 바다 서식지를 떠나 육지로 모험에 나섰다. 이는 그야말로 생존을 위한 획기적인 발상의 전환이라고 할 수 있다.

미지의 영역을 개척해 나간 이들 북극곰은 분명 두렵고 떨렸을 것이다. 하지만 이들은 용기를 냈고 툰드라 지역인 캐나다의 허드슨 만 근처까지 나아갔다. 마침 이 지역에서는 지구 온난화로 인해 흰기러기들의 산란기가 해마다 조금씩 빨라지고 개체수도 이상 급증하고 있었다. 덕분에 먼 길을 떠나 온갖 고생 끝에 그곳에 이른 북극곰들은 흰기러기 둥지에서 영양이 풍부한 알을 발견하게 되었다. 이로써 흰기러기 개체수가 조절되는 것은 물론 북극금도 살고 인간에게도 교훈을 주는 '흰기러기 신화'가 탄생한 것이다.

신의 조화는 참으로 오묘하지 않은가? 많은 학자가 북극곰들이 그곳에서 새로운 생존 기술을 터득해 멸종을 면하게 될 것이라고 예측한다. 북극곰의 모험 정신과 흰기러기의 둥지가 새로운 전설을 낳고 있는 셈이다.

피그말리온 효과여, 작동하라!

그렇다면 오늘날 경제 위기의 한파를 겪어내고 있는 우리의 흰기러기 둥지는 어디에 있을까? 전대미문의 경제 위기 속에서 소리 없이 나락으로 떨어지고 있는 서민들, 그중에서도 특히 어디에도 의지할 곳 없는 서민들이 가난을 대물림하지 않을 방법은 없는 것인가? 그들은 과연 어디에서 희망의 싹을 찾아낼 수 있을까?

세계는 지금 경제 위기의 한가운데를 헤쳐가고 있는 동시에 다음 세대를 위한 커다란 변화의 소용돌이 속에 놓여 있다. 어쩌면 경제 위기 그 자체는 뱀이 허물을 벗어야 성장하고 번데기가 고치에서 우화(羽化)해야 나비가 되듯 새로운 세상을 향한 몸부림일지도 모른다. 그렇다면 서민들은 어떻게 해야 이 위기를 기회로 만들어 나비로 성장할 수 있을까?

《그리스 신화》에 보면 아름다운 조각상과 결혼한 키프로스의 왕 '피그말리온(Pygmalion) 이야기'가 나온다. 어느 날 피그말리온은 세상 어느 여인과도 비교할 수 없는 아름다움을 갖춘 조각상을 완성했는데, 그 작품에 완전히 매료된 그는 조각상을 사랑하게 되었다. 피그말리온은 갈라테아라고 이름 지은 그 조각상에 예쁜 옷을 입히고 보석으로 장식했으며 마치 살아있는 여인처럼 진실로 사랑했다. 갈수록 사랑이 깊어진 피그말리온은 그 조각상을 아내로 맞이하게 해달라고 신에게 간절히 기도했다. 그의 애절

한 사랑에 감동한 미와 사랑의 여신 아프로디테(로마 신화의 비너스)는 결국 갈라테아에게 생명을 불어넣었고, 이들 연인은 결혼하게 되었다.

이러한 신화에서처럼 기대나 예측이 그대로 실현되는 것을 두고 '피그말리온 효과'라고 한다. 쉽게 말해 무언가에 대한 강한 바람이 기적을 이룬다는 얘기다. 우리 식으로 하자면 '지성이면 감천이다', '궁하면 통한다' 혹은 '두드리면 열린다'는 말과 같다. 표현은 다르지만 이것은 모두 피그말리온 효과와 같은 말이다.

이러한 효과는 경제적인 면에서도 자주 나타난다고 한다. 이는 경제에 심리적인 요인이 강하게 작용하기 때문이다. 혹시 모든 국민이 잘될 거라고 강하게 열망하면서 어려움을 극복하기 위해 최선을 다한다면 하늘이 감동하지 않을까? 그래서 피그말리온 효과가 나타나 서민들도 잘사는 부자 나라로 거듭날 수 있지 않을까? 물론 충분히 가능성이 있다. 그러나 가만히 앉아서 말로만 기대하고 예측해서는 피그말리온 효과가 절대로 나타나지 않는다.

이제라도 우리는 흰기러기 둥지를 찾아 떠나야 한다. 통신이라는 탁월한 무기를 들고 FTA의 대문을 활짝 열고 나가 보라. 분명 그곳 어딘가에 흰기러기 둥지가 있을 것이다. 나쁜 일만 생긴다는 머피의 법칙은 쓰레기통에 던져버리고 자기 고집만 피우는 확증 편견도 날려버려라. 서로를 격려하면서 대한민국이라는 주파수가 우리의 심장을 고동치게 해야 한다. 모두가 하나로 뭉쳐 글로벌이라는 희망의 문을 활짝 열어젖혀야 한다. 피그말리온 효과가 작동하도록 미래의 희망에 모든 것을 던져 넣어라. 그것이 우리에겐 출구전략이다!

2. 세계는 지금 국경 없는 통신 전쟁 중

글로벌 비즈니스 센터, 휴대전화

"L 원장님, 이번 프로젝트는 저희 회사의 장래가 걸린 매우 중요한 일입니다. 원장님의 도움이 필요합니다."

중동 6개 산유국 모임인 걸프협력위원회(GCC)와의 FTA 협상을 위해 두바이를 방문 중인 L 원장의 워치폰에 한국의 네트워크 유통 회사인 X사 사장의 간절함이 담긴 얼굴이 나타났다. L 원장은 방금 GCC 대표단과의 치열한 FTA 협상을 끝내고 두바이의 국제적인 휴양지로 야자수 모양의 인공섬인 팜주메이라(Palm Jumeirah)에서 만족스런 표정으로 휴식을 취하고 있었다.

협상은 각각 자기 조국의 이익을 위해 치열하게 전개되었던 터라 몇 번의 위기를 겪기도 했지만, L 원장은 대체

로 만족스러운 결과를 얻어 기분 좋게 쉬고 있는 중이었
다. 이는 그가 수십 년 전에 사우디아라비아의 리야드에
근무할 때부터 친분을 다져온 중동의 유력한 지인으로부
터 도움을 얻었기 때문이다. 그런데 그는 자주 초청을 받
아 강의도 하고 컨설팅도 해준 X사 사장의 간곡한 부탁을
거절하기가 곤란한 입장이었다.

그 무렵 X사는 전 세계의 무슬림 시장을 공략하기 위해
중동 진출을 모색하고 있었다. 이슬람 경제권이 인도네시
아와 말레이시아를 비롯한 아시아의 태평양으로부터 중
동, 중앙아시아, 아프리카의 모리타니 등 대서양에 이르기
까지 광대한 지역에 분포한 15억 명의 거대한 시장이었기
때문이다. 특히 석유, 가스, 비철금속 등의 자원이 풍부하
고 3조 달러가 넘는 이슬람 머니가 매력적인 황금시장이
다. 이에 따라 한창 한국이 세계 시장을 석권해 나가고 있
는 u-Trade를 활용해 무슬림의 종교 시장에 진출하려던
X사는 이 사업을 위해 거대한 이슬람 머니를 투자받고 싶
어 했다.

종교가 곧 생활인 무슬림들의 종교 시장은 매우 거대하
며 무엇보다 정보 기술과 유비쿼터스 기술이 발전하면서
많은 사람이 종교 생활에 휴대전화를 이용하고 있다. 대표

적으로 손목이나 귀걸이에 장착한 휴대전화가 하루에 다섯 번씩 메카를 향해 기도하는 시간을 알리는 종소리와 기도 주문을 들려주면 무슬림은 어디에서든 기도를 한다. 한마디로 종교와 생활, 통신이 하나가 되어 새로운 문화를 창출하고 있는 것이다. 나아가 기도용품, 종교용품, 문화 상품, 종교 교육, 금융 시장, 통신 시장 등 막대한 관련 시장이 형성되고 있다. 한국의 X사는 바로 이러한 사실에 주목해 시장을 개척하려는 중이었다.

사실 한국에서도 많은 무슬림이 그들만의 독특한 종교 생활을 유지하며 살아가고 있다. 한국에 온 외국인이나 한국인 중에서 이슬람을 믿는 사람들이 늘고 있는 것이다. 특히 X사 사업자 중에 무슬림이 많은 편인데, 이는 X사가 L 원장의 컨설팅을 받아들여 무슬림 시장 개척을 위해 공들인 결과이기도 하다. 이제 이들이 이슬람 시장을 개척하는 데 앞장서고 있으니 그야말로 세계는 하나라는 말이 코앞에서 전개되고 있는 셈이었다.

L 원장은 지나온 시간을 회상하며 이렇게 다짐했다.

'그래, 도와줘야지. 일이 잘 성사되면 수출이 늘어날 것이고 그러면 FTA 효과도 증폭될 테니 나에게도 보람이 있는 일이지.'

그는 X사 사장을 호출해 관련 자료를 받고 자신이 만나야 할 핵심 인사의 사진과 프로필, 그의 현재 위치를 다운로드했다. 물론 이 모든 과정은 휴대전화 하나로 거뜬히 해결되었다. 이미 휴대전화는 업무용, 사업용, 종교용, 위치 기반 서비스용 등 다목적 글로벌 비즈니스 센터로 진화한 지 오래이다.

이러한 상황이 소설처럼 들리는가? 그렇다면 여러분은 아직 21세기 사람이 아니다. 혹시 몸만 21세기에 있고 생각과 행동은 여전히 20세기를 헤매고 있는 것은 아닌가? 현실을 똑바로 바라보라. 그 안에 노다지가 굴러다니고 있다. 문제는 누가 이런 거대한 글로벌 시장을 선점하는가에 있다. 과연 누가 이 블루오션의 실제 주인이 될 것인가?

국경과 산업간 경계가 무의미한 글로벌 경제 시대

몇 해 전, 세계 가전 시장의 라이벌인 삼성전자와 소니가 대부분의 특허를 공유하는 전략적 제휴를 맺었다. 그런가 하면 세계 3위 PC 업체인 IBM이 PC 사업 부문을 중국 최대의 PC 제조업체인 레노보(Lenovo) 그룹에 매각했

다. 또한 디지털 TV 시장을 둘러싸고 델 등 PC 업체가 기존 강자인 가전 업체에 야심 찬 도전장을 내밀어 화제가 된 적이 있다. 누가 적이고 누가 아군인지 도무지 앞이 보이지 않는 현상들이 벌어졌던 것이다.

하지만 이러한 현상은 그저 예고편에 불과했다. 최근에는 미국 제조업의 상징이자 세계적인 자동차 회사로 군림하던 GM이 부도나고 천하의 씨티은행도 위태롭다. 특히 미국에서 시작된 금융 위기가 순식간에 전 세계의 실물 경제로 확산돼 1930년대의 세계 경제 공황 이래 최대의 경제 위기가 세계를 강타하고 있다. 이 여파로 세계 최강인 미국의 위상이 흔들리고 있고 한때 세계의 모범 국가로 불리던 아일랜드, 싱가포르, 영국의 경제마저 위태로워졌다.

세계가 하나의 지구촌으로 변해 서로 영향을 미칠 수밖에 없는 상황이라는 것은 또 다른 측면에서도 나타나고 있다. 대표적으로 바이러스성 독감인 신종플루가 순식간에 전 세계로 확산되면서 전 인류가 공포에 떨고 있다. 세계 보건기구(WHO) 발표에 따르면 이것은 여타의 바이러스보다 4배나 빠르게 전 세계로 확산되고 있다고 한다. 자칫하면 중세의 흑사병 이래 인류를 위협하는 가장 무서운 전염병이 될 수도 있다는 경고도 들려온다.

이제 이러한 일은 더 이상 놀랄 만한 사건이 아니다. 이미 글로벌 시장이 형성된 오늘날에는 이런 일이 일상적으로 일어날 수밖에 없다. 다시 말해 글로벌 경제 환경에서의 시장은 결코 낭만적이지도, 안정적이지도 않다. 국경이나 산업간 경쟁이 무의미한 글로벌 시장에서 자신을 차별화하지 못하는 기업 및 국가는 도태될 수밖에 없기 때문이다.

이처럼 총성 없는 전쟁터에서 살아남으려면 어떻게 해야 할까? 이제 글로벌화는 일시적인 유행이 아닌 근본적인 트렌드가 되었다. 즉, 글로벌화는 선택의 문제가 아니라 이미 우리에게 닥친 현실이다. 따라서 이제는 글로벌화에 대해 '옳다, 그르다', '찬성한다, 반대한다' 라고 따지는 것 자체가 아무런 의미가 없다.

그러므로 무의미한 논쟁 차원을 벗어나 이 새로운 시스템의 논리와 작용 원리를 이해하고 합리적인 대응 방안을 모색하는 것이 보다 현명하다. 물론 여기에는 FTA나 통신도 포함된다. 현재 세계는 국경 없는 자원 전쟁과 식량 전쟁에 이어 FTA 전쟁, 통신 전쟁을 벌이고 있기 때문이다. 이러한 전쟁에서 패배하면 한없는 추락의 아픔을 맛봐야 하므로 서둘러야 한다.

그렇다면 글로벌 경제 체제 안에서는 대체 어떤 일이 일

어나고 있을까? 글로벌 시장에서는 영원한 일등도, 절대 강자도 없다. 이것은 얼마 전까지만 해도 전 세계 주요 닷컴 기업이 중국으로 진출하느라 부산을 떨었지만, 이제는 역으로 힘을 기른 중국의 닷컴 기업이 세계를 주름잡고 있는 현실이 분명하게 보여준다.

또한 휴대전화의 진화로 시계 산업, 카메라 산업 등이 사라지는 것처럼 산업간 경계가 무너진 지 오래다. 이는 보이지 않는 적에게 무너진 대표적인 사례이다. 전혀 예상치 못했던 곳에서 나타난 자그마한 휴대전화, 손안에 쏙 들어오는 그 신비한 적으로 인해 기존의 거대 산업들이 맥없이 쓰러지고 말았던 것이다.

나아가 속도를 내지 못하는 기업, 차별화하지 못하는 기업은 글로벌 시장에서 결국 도태될 수밖에 없다. 이것은 세계 온라인 음악 유통 산업의 지존으로 부상한 애플사의 사례 등을 통해 충분히 알 수 있다.

미래학자 존 나이스빗(John Naisbitt)은 이러한 현상에 대해 "세계는 국가 단위에서 경제 도메인(영역) 단위로 재편되고 있다"라고 정리했다. 이는 국가가 자꾸만 기업들의 발목을 잡으며 자신의 영역을 유지하려 하지만 큰 흐름을 거역할 수는 없다는 것을 의미한다. 따라서 정부는 경제 도메인의 주체인 기업들이 세계무대에서 자유롭게 활동할 수 있는 여건을 마련해 주는 데 총력을 기울여야 한다는 것이 그의 주장이다.

그러면 글로벌화가 경제나 인력 등 여러 가지 면에서 다각도로 진행되고 있음을 보여주는 그의 주장을 좀 더 들어보자.

"글로벌화가 진행되면서 경제적 국경이 무너지는 이유는 경제 주체인 개인과 기업들이 국경을 뛰어넘는 새로운 주체로 등장하고 있기 때문이다. 삼성전자는 이미 한국 기업이 아니다. 세계의 소비자들은 삼성이 한국 기업인 것을 모른 채 '삼성'이라는 브랜드만 보고 물건을 사기 때문이다.

아울러 인력 아웃소싱도 이제는 글로벌 시각에서 접근해야 한다. 프로 스포츠 구단을 보라. 세계적으로 뛰어난 축구팀 중 하나인 스페인의 레알 마드리드가 세계 정상에 군림하던 시절에 스페인 출신 선수는 단 2명뿐이었다. 그들의 성공 요인은 아프리카, 남미 등 다른 나라에서 우수한 선수를 뽑아온 데 있었다. 기업이나 사업도 마찬가지다. 내부에 뛰어난 인재가 없으면 국적과 인종을 불문하고 인재를 모셔 와야 한다. 미국이 강해진 것은 세계 각국에서 능력 있는 사람들이 몰려들었기 때문이다."

　현재 해외 유수의 통신 회사들은 지구촌을 한데 묶는 '글로벌 통신·방송 융합 벨트'의 야망을 키우고 있다. 특히 영국의 브리티시텔레콤(BT)은 '정보통신기술(ICT) 종합 컨설팅'이라는 독특한 사업 모델로 세계 곳곳을 누비며 '해가 지지 않는 대영제국'의 옛 영화를 재현하고 있다. 미국의 AT&T는 유선 사업이라는 본업을 박차고 방송 및 통신의 컨버전스(융합)와 디지털 미디어라는 새 사업에서 활로를 찾았다. 스페인의 텔레포니카는 뛰어난 안목으로 해외 인수합병(M&A) 전략을 구사해 열강들 틈에서 세계 제2위 통신 회사로 우뚝 섰다. 프랑스의 프랑스텔레콤(FT)은 '오렌지' 브랜드를 무기로 20여 개 나라에서 활약하고 있다.

　이처럼 각국의 통신 업체가 해외로 뻗어나가 업종을 넘나들며 싸우다 보니 지구촌 곳곳이 전쟁터를 방불케 한다. 그렇다면 우리의 현주소는 어디인가? IT 강국으로 불리는 한국을 주름잡고 있는 간판 IT 기업인 KT, SK텔레콤의 해외 매출 비중은 안타깝게도 채 1퍼센트도 되지 않는다. KT-KTF의 합병으로 촉발된 업계 경쟁도 기본적으로는 내수용이다. 또한 수년 전에 선도적으로 준비했던 IPTV

도 정치 싸움으로 인해 시작도 하지 못하고 묵혀 두었다가 남들이 다한 뒤에 이제 시작하고 있다.

이러한 현실에 대해 경제협력개발기구(OECD)는 "한국은 멕시코, 캐나다와 함께 통신 시장의 진입장벽이 높아 글로벌 경쟁력을 키우기 힘든 구조"라고 지적하고 있다. 방석호 정보통신정책연구원장은 "통신, 방송 할 것 없이 포화 상태에 이른 내수 시장에서 제로섬 게임에 몰두할 것이 아니라 해외로 나가는 것은 물론 디지털 융합으로 변신해야 살 수 있다"고 말한다.

이것이 한국 통신의 현주소이다. 세계는 도메인 단위로 재편되면서 통신 전쟁을 벌이고 있는데, 한국은 여전히 국내에서 제살 깎아먹기 싸움을 하고 있는 것이다. 통신 주체들이 이런 상황에 놓여 있는 터라 그 통신망을 활용하는 네트워크 유통 업체들의 통신 비즈니스 모델이 글로벌화하기를 바라기는 매우 어려운 실정이다. 탓에 수익 모델은 아직도 국내 대리점 모델이다.

하지만 세상이 아무리 변해도 상관없다는 얘기인가? 눈을 조금만 치켜떠도 보이는 글로벌 시장이 그들에게는 왜 보이지 않는 것인가? 그들은 10년째 휴대전화 판매와 그 요금으로 돈을 버는 데 안주하고 있다. 이런 상황에서

FTA와 더불어 글로벌 통신 강자들이 국내 시장으로 밀려든다면 우물 안의 통신 업계는 그야말로 추풍낙엽이 되고 말 것이다.

글로벌 경쟁 시대를 맞아 앞으로 10년 후에 무엇을 먹고 살 것인지를 생각하면 등에 식은땀이 흐를 지경이다. 여러분은 어떠한가? 현재 여러분이 하고 있는 일이 10년 후에도 여러분의 생존을 보장할 거라고 생각하는가? 아직도 글로벌화를 부정적으로 받아들이고 있는가? 여전히 흥선 대원군의 쇄국정책처럼 문을 닫아걸고 우리 식대로 살아야 한다고 생각하는가? '우리 식대로'의 대표 주자인 북한을 보면서 뭔가 느끼는 것이 없는가?

3. 한국의 휴대전화, 세계 1위를 넘본다

그러나 우리에게도 희망은 있다. 통신 업체나 네트워크 마케팅 업체들이 좁은 국내 시장에서 서로 싸우며 우물쭈물하고 있는 사이 휴대전화 생산업체들이 해외 시장에서 선전하고 있는 것이다. LG전자의 연간 휴대전화 생산량 1억 대 중에서 절반을 생산해 내는 평택 공장은 생산 일정에 쫓겨 가며 부지런히 제품을 만들어내고 있다. 그들은 더 만들고 싶어도 만들지 못할 만큼 징신없이 제품을 뽑아내고 있는 중이다. 삼성전자의 프리미엄폰을 생산하는 구미 공장도 2008년과 마찬가지로 100퍼센트의 공장 가동률을 보이고 있다. 이에 따라 삼성은 기존의 중국, 브라질, 인도에 설립한 해외 공장에 이어 베트남에서도 휴대전화 생산을 시작할 예정이다.

아이러니하게도 전 세계적인 경제 위기는 한국의 업체들에게 오히려 기회가 되고 있다. 세계적으로 휴대전화 업계의 불황이 깊어지면서 노키아, 모토로라, 소니에릭슨 등 기존의 강자들이 고전하는 틈을 타 한국의 업체들이 일제히 시장점유율을 끌어올리고 있는 것이다. 특히 삼성전자는 프랑스에서 5년째 1위를 달리고 있으며 영국, 러시아, 독일, 스페인에서는 노키아와 함께 치열한 선두다툼을 벌이고 있다. 북미 시장에서는 삼성과 LG전자가 모토로라를 밀어내고 나란히 1, 2위에 올라 있다. 삼성전자는 2008년 3분기부터 1위에 오른 후 선두를 고수하고 있는데, 업계는 이러한 추세가 2009년 말까지 지속되면 모토로라가 5위권 밖으로 밀려날지도 모른다고 전망하고 있다.

새롭게 순위에 진입할 후보로는 스마트폰 블랙베리로 유명한 캐나다의 RIM과 중국의 신흥 제조업체 NTE가 거론되고 있다. 그야말로 한 치 앞도 내다보이지 않는 전쟁터에서 우리의 업체들이 선전하고 있는 셈이다. 참으로 장한 일이지만 그렇다고 한시도 긴장의 끈을 늦춰서는 안 된다. 아차, 하는 순간 선두자리를 빼앗길 만큼 긴박한 전쟁이 벌어지고 있기 때문이다.

다행히 삼성과 LG전자는 제품 구성이 좋기 때문에 당

분간 강세를 보일 전망이다. 특히 이들 업체는 같은 모델을 내놓더라도 국가별로 소비자 취향에 맞춰 조금씩 변형하는 등 현지화에 뛰어난 능력을 발휘하고 있다. 그뿐 아니라 불황기에도 공격적인 전략을 펼쳐 끊임없이 신제품을 내놓고 있다. 위기 속에서 더욱 빛을 내는 한국적인 기질을 톡톡히 발휘하고 있는 것이다.

현재 삼성은 글로벌 전략의 일환으로 내놓은 울트라터치폰, 스타폰, 터치위즈폰 등으로 유럽 같은 프리미엄 시장을 공략 중이다. LG전자는 첩보영화 007시리즈의 주인공 제임스 본드가 손목에 찬 워치폰으로 상부와 연락을 취했던 것처럼 워치폰을 개발해 유럽을 시작으로 전 세계 시장을 노크하고 있다.

이처럼 세계 시장을 주름잡는 한국의 휴대전화 제조업체들을 통해 음성 통화 기능 위주였던 휴대전화가 '입는 휴대전화', '보는 휴대전화'로 진화하고 있다. 수년 전만해도 먼 미래의 휴대전화로 여겼던 제품 기능이 첨단기술 발전에 힘입어 실생활에서 속속 현실로 등장하고 있는 것이다. 우리의 휴대전화 제조업체들이 해외 시장에서 선전하는 이유이자 생존 비법은 적극적으로 변화를 받아들여 시장을 개척하고 끊임없이 신제품을 만들어내는 데 있다.

4. 우리의 토종 기술,
와이브로가 해외에서 펄펄 난다

퀄컴에게 5조 원의 기술료를 주다

2005년 11월, 진대제 전 정보통신부 장관은 부산에서 개최된 아시아·태평양 경제협력체(APEC) 정상회의 정보기술전시회 기조연설에서 우리나라의 와이브로(WiBro, 휴대 인터넷) 기술이 세계 표준으로 채택되었음을 선언했다. 이는 한국에서 제대로 된 모바일 역사가 시작된 지 10여 년 만에 우리 손으로 개발한 휴대 인터넷 기술이 세계인이 쓰는 표준으로 채택된 것이라 더욱 의미가 깊다.

와이브로는 '와이어리스 브로드밴드 인터넷(Wireless Broadband Internet)'의 줄임말로 이동을 하면서도 인터넷을 사용할 수 있는 이동형 무선 인터넷을 말한다. 외국에서는 이것을 모바일 와이맥스(Mobile Wimax)라고 부른다.

와이브로는 언제 어디서나 빠른 무선 인터넷 서비스가 가능한 새로운 기술로, 시속 100킬로미터로 달리는 자동차 안에서도 현재의 유선 초고속 인터넷보다 빠른 속도로 데이터를 주고받을 수 있다.

하지만 이처럼 모바일 강국으로 위세를 떨치고 있는 한국의 속내를 들여다보면 속 쓰린 현실이 도사리고 있다. 그동안 원천기술을 확보하지 못해 막대한 기술료를 지급하고 있기 때문이다. 1996년에 CDMA 기술로 휴대전화 상용화 서비스를 시작한 한국이 1995~2008년까지 14년간 미국 퀄컴에 지급한 로열티(기술료)는 실로 막대하다.

특허청 자료에 따르면 지난 1995년부터 2006년까지 모두 3조 4,069억 원이 로열티로 새나갔고, 2008년분까지 합할 경우 우리나라가 퀄컴에게 준 누적 로열티 지급액은 약 5조 원에 달한다고 한다. 그야말로 기술 없는 설움이 이만저만이 아니다. 국내 휴대전화 업계는 휴대전화 단말기의 경우 내수용은 매출의 5.25퍼센트, 수출용은 5.75퍼센트의 로열티를 지급하고 있다. 휴대전화 시스템의 경우에는 내수용 6퍼센트, 수출용 6.5퍼센트의 비율로 기술료를 내고 있다.

우리의 토종 기술, 와이브로

　그런데 이제 우리가 그들로부터 기술료를 받을 수 있는 나라가 되었으니 어찌 기쁘고 감개무량하지 않을 수 있겠는가? 와이브로는 이미 통신의 본고장인 미국을 비롯해 캐나다 등의 선진국은 물론 중동, 중남미 등에도 진출하고 있다.

　사실 그동안 많은 나라가 인터넷을 활성화해 IT 기술을 발전시키고 싶어 했지만 넓은 땅, 사막, 섬나라 등의 자연적인 조건 때문에 유선 인터넷을 설치하고 발전시키는 데 막대한 비용이 소요되어 엄두를 내지 못하고 있었다. 이러한 상황에서 한국이 막대한 비용이 필요한 유선 인터넷 없이도 누구나 저렴하게 가질 수 있는 휴대전화로 인터넷이 가능한 길을 열어준 것이다.

　이제 그들이 우리의 와이브로 기술을 쓰면 쓸수록 우리에게는 돈이 들어오게 된다. 이로써 우리가 퀄컴에게 준 기술료의 몇 십 배가 들어올 것으로 보인다. 이미 우리의 토종 기술로 개발한 와이브로는 해외 시장에서 선전을 거듭하며 펄펄 날고 있다.

　그러면 그 상황을 좀 더 구체적으로 살펴보자. 2009년 들어 와이브로는 요르단, 사우디아라비아, 아프리카, 우즈베키스탄, 러시아, 브라질 같은 신흥국가를 중심으로 틈새 시장을 공략해 통신 분야의 새로운 성장 동력으로 부상하고 있다. 통신 인프라가 취약한 이들 국가가 와이브로를 유선 통신망에 대한 대안(代案)으로 받아들이고 있기 때문이다.

실제로 삼성전자는 2008년 쿠웨이트에 이어 사우디아라비아, 리투아니아 등으로 장비 수출 지역을 확대하고 있다. 또한 2007년에 진출한 미국과 페루, 브라질 등 중남미를 잇는 와이브로 벨트 구축을 추진하고 있다. SK텔레콤도 2009년 8월 요르단에서 와이브로 상용 서비스 개통식을 하는 등 기술과 장비 수출에 박차를 가하고 있다.

이처럼 한국은 휴대전화의 하드웨어에 이어 와이브로라는 서비스를 무기로 세계 시장을 활발하게 공략하고 있다. 다시 말해 한국의 통신 산업이 본격적으로 글로벌화를 진행하고 있는 것이다.

〈표 1-1〉 와이브로 해외 진출 현황

	주요 기업	진출 국가
장비 업체	삼성전자	미국(스프린트), 일본(UQ), 러시아(스카텔), 브라질(텔레포니카), 베네수엘라(모바일맥스), 리투아니아(LRTC), 쿠웨이트(MADA), 사우디아라비아(모빌리), 대만(VMAX), 말레이시아(YTL e-솔루션) 등 20개 나라 24개 사업자와 사업 진행, 10개 나라 20여 개 사업자와 협상 중
	SK텔레시스	요르단(쿨라콤)
	포스데이터	우즈베키스탄(슈퍼아이맥스), 싱가포르(큐맥스), 카자흐스탄(아르나)
통신 서비스 업체	SK텔레콤	요르단(쿨라콤)
	KT	우즈베키스탄(슈퍼아이맥스), 르완다(르완다 정부가 사업자 설립 중)

5. 통신 사업, 글로컬이 해답이다

글로컬라이제이션을 아는가?

글로컬라이제이션(Glocalization)은 세계화를 뜻하는 글로벌라이제이션(Globalization)과 현지화를 의미하는 로컬라이제이션(Localization)을 합친 것으로 21세기 기업들의 생존 전략으로 자리 잡고 있다. 세계화를 추구하는 동시에 현지 국가의 기업 풍토와 소비자의 취향을 존중해야만 갈수록 치열해지는 경쟁에서 살아남을 수 있기 때문이다.

WTO로 대변되는 세계화와 FTA로 대변되는 지역 블록화가 동시다발적으로 전개되고 있는 상황도 이런 맥락에서 이해해야 한다. 즉, WTO+FTA는 사실 글로컬라이제이션인 것이다. 그러므로 글로컬라이제이션을 회피하거나 이에 실패한 기업은 도태될 수밖에 없고 그러한 국가 역시 생존이 힘들다고 볼 수 있다.

  아무리 다국적 기업일지라도 세계화와 현지화를 이루지 못하면 시장 실패를 감수해야 한다. 기업의 입장에서 세계화는 경영 원칙의 투명성을 높이고 시스템을 선진화하는 데 필수적이다. 그러나 현지화 없이는 세계화를 달성하기 어렵다. 아무리 글로벌 스탠더드를 외쳐도 시장과 고객, 상품만큼은 현지 기업을 따라갈 수 없기 때문이다.

  월마트, 까르푸 등 세계적인 유통 업체가 한국에서 쓴맛을 보고 철수한 것도 이러한 이유에서다. 또한 구글을 비롯한 세계적인 IT 기업들이 유독 한국에서 제대로 힘을 발휘하지 못하는 이유는 한국 네티즌들의 높은 IT 실력과 까다로운 소비 기질에 적응하지 못했기 때문이다. 이들은 세계화에는 성공했지만 현지화에는 실패했던 것이다.

  기업 경쟁력은 세계화와 현지화가 조화를 이룰 때 극대화할 수 있다. '로마에 가면 로마법을 따르라'는 말이 의미하는 것은 바로 현지화이다. 예를 들어 중국에 가면 철저하게 중국 사회와 문화를 이해하고자 힘써야 한다. 현지화를 습관화한 뒤 이를 기반으로 세계화를 추진해야 하는 것이다. 현지화의 기반을 다지지 않으면 진정한 세계화를 추구할 수 없다. 이는 '가장 한국적인 것이 가장 세계적'

이라는 말과도 상통한다.

통신에는 글로컬이 더 많이 필요하다

오늘날 통신 분야, 그중에서도 휴대전화로 대변되는 이동통신은 의식주 다음으로 그 중요성을 인정받고 있다. 현대인은 빈손으로 거리에 나설 경우에도 주머니에 휴대전화가 들어 있고 심지어 화장실에 갈 때도 휴대전화를 챙긴다. 이러한 영향으로 한국의 가정에서 통신비가 최대 소비 품목으로 자리 잡은 지 이미 오래다. 많은 사람이 휴대전화를 생활필수품으로 애용하고 있는 터라 자기 취향에 맞는 다양한 기능과 디자인, 용도는 물론 중독 증세까지 보이고 있는 실정이다.

이것은 기업적 관점에서 보면 그만큼 현지화가 필요하다는 방증이며 통신 사업에서 글로컬이 해답인 이유이기도 하다. 다른 무엇보다 통신 분야에서 글로컬이 더 많이 요구되는 것이다. 그렇다면 한국 기업들의 글로컬화 수준은 어느 정도일까? 이미 한국의 휴대전화 업체가 세계 시장을 휩쓸고 있으며, 특히 LG전자는 최근에 210개 나라에서 자동 로밍이 되는 휴대전화를 출시했다. 이는 한국의 휴대전화가 그만큼 세계화했다는 것을 의미한다.

한국이 세계 최초로 개발한 와이브로가 세계 표준으로 채택되고 현재 전 세계로 수출되고 있는 것 역시 통신의 세계화를 잘 보여준다. 이처럼 글로컬의 두 가지 요소 중에서 이미 세계화를 이뤘으니 이제 남은 과제는 현지화이다.

이러한 글로컬은 휴대전화 제조업체에게만 적용되는 것이 아니다. 오히려 서비스 업체나 서비스를 추진하는 사람에게 더 필요할 수도 있다. 왜냐하면 이들은 현장에서 직접 고객을 만나는 경우가 많기 때문이다. 더욱이 고객을 만나는 현장이 점점 개방되고 있는 오늘날에는 갈수록 글로컬이 필요해질 수밖에 없다. 그럼에도 우리 통신 서비스 업체들의 글로컬은 여전히 취약한 상태에 머물러 있다. 현지화는커녕 세계화에서도 뒤떨어져 있는 것이다.

반석 위에 집을 짓는 것과 모래 위에 짓는 것에는 커다란 차이가 있다. 이제 통신 사업자들도 무엇이 반석이고 무엇이 모래인지 깨달아야 한다. 국내의 좁은 시장에서만 대리점 사업에 매진하는 것은 결코 반석이 될 수 없다. 글로벌 시장에서 그것은 한낱 모래 위에 지은 집에 불과하다. 국내 시장이라는 우물 안에 구축한 네트워크에 세계화라는 물이 스며들면 순식간에 허물어질 수 있기 때문이다. 파도가 밀려오면 모래성은 눈 깜짝할 사이에 사라지고 만다.

이와 관련된 대표적인 예로 '허쉬만의 터널 효과' 라는 것이 있다. 이것은 미국의 저명한 경제학자 앨버트 허쉬만(Albert O. Hirschman)이 주장한 것으로, 터널 속에 갇혀 있을 때 길이 모두 막히면 어느 차로에 있는 사람이든 참고 있지만, 한 차로가 먼저 트이면 여전히 정체 상태인 다른 차로에 있는 사람들의 불만이 고조된다는 것을 의미한다. 이 경우에는 교통경찰의 교통정리 신호도 먹히지 않고 짜증과 불만, 혼란만 중첩된다는 것이다.

이러한 효과를 통신 사업에 대입해 보면 미래를 한눈에 내다볼 수 있다. 만약 FTA로 통신 시장이 개방되어 선진국들의 거대 통신사가 국내에 들어오고 다양한 비즈니스 모델이나 서비스가 도입된다면 어떻게 될까? 예를 들어 국내의 A 회사가 먼저 그들과 제휴해 다양하고 편리한 글로벌 서비스를 도입하고 이로써 수익이 훨씬 많아진다면, 이제까지 탄탄하다고 믿었던 B, C 회사의 네트워크는 순식간에 무너질 수도 있다.

진화하는 휴대전화

CHAPTER 2

진화하는 휴대전화

1. 휴대전화의 변신은 진정 무죄인가?

내 손안의 큰 세상

휴대전화 진화의 끝은 대체 어디일까? 그것은 누구도
알 수 없다. 무한대로 변신이 가능하기 때문이다. 휴대전
화는 21세기의 요술방망이이자 만물박사이다. 만약 손오
공이 다시 살아나 휴대전화를 보게 된다면 기절할 듯이 놀
랄지도 모른다.

처음에 단순히 음성 서비스만 제공하던 휴대전화는 문
자 메시지, 모바일 메신저, 손안의 TV, 휴대용 입체 영상
투사 등 매우 다양한 기능을 갖춘 기기로 진화했다. 또한
최근에는 디지털 컨버전스 바람에 이어 모바일 컨버전스
폭풍이 몰아치고 있다.

이제 휴대전화는 컴퓨터, 게임기, 녹음기, MP3, 카메

라, TV, 차량 내비게이션, 인터넷, DMB 등의 다양한 기능을 거뜬히 수행하고 있다. 그뿐 아니라 집에서 편하게 영화, 동영상, 음악, 사진 등을 즐길 수 있는 MMP(멀티미디어 플레이어)에 이어 이동하면서도 이를 즐길 수 있는 PMP(휴대용 멀티미디어 플레이어) 기능도 갖추고 있다. 심지어 휴대전화를 가방에 넣은 채로 음악을 듣다가 전화가 오면 통화할 수 있는 블루투스(Bluetooth: 근접한 전자기기들이 무선으로 통신할 수 있도록 하는 기술)에다 다자간 음성 통화와 실시간 문자 서비스, 이미지 전송까지 가능해졌다. 나아가 PC 키보드, 게임 조이스틱, 저장 장치, 프린터 등 PC 주변기기와도 결합함으로써 이제는 휴대전화로 프린팅도 하는 세상이 되었다.

하지만 아직 놀라기는 이르다. 만보계, 나침반, 온도계 기능을 갖춘 동작 인식 웰빙폰이나 당뇨를 체크할 수 있는 당뇨폰은 물론 공상과학에서나 나올 법한 안경처럼 착용하는 디스플레이어가 휴대전화와 결합해 현실화하고 있다. 또한 전기가 통하는 전선을 이용하는 전력선 통신(PLC)과 휴대전화가 결합해 홈 네트워크 단말기로도 사용된다. 실제로 한전 KDN과 LG텔레콤은 전기가 들어가는 곳이면 어디에서든 휴대전화로 출입문을 여닫고 가스, 조명,

보일러 제어나 실시간 방범 및 방재까지 가능한 서비스를 제공하고 있다. 여기에다 텔레매틱스가 휴대전화 속으로 들어오고 도난 차량 추적, 미아 찾기, 긴급 구조, 공공자산 보호 등의 서비스가 가능한 위치 기반 서비스(LBS)와 결합하는 등 휴대전화 자체의 기능 진화는 어지러울 정도이다.

일본도 전원이 꺼져 있는 상태에서 어린이의 위치를 알 수 있는 어린이용 휴대전화와 본인이 아니면 사용할 수 없는 지문 인식 휴대전화를 개발했다. 미국에서는 사용이 간편한 노인용 휴대전화를 비롯해 개 주인과 애완견이 음성으로 통할 수 있는 뼈다귀 모양의 애완견용 휴대전화도 개발되었다. 한국에서도 SK텔레콤이 55개 이상의 견종과 느낌을 나누는 것은 물론 애견전문의 상담 홈페이지, 애견 쇼핑몰 등을 방문할 수 있는 애견 통역기 서비스를 선보였다.

이처럼 휴대전화는 나라 안팎에서 빠른 속도로 눈부시게 발전하고 있다. 약간 과장해서 말하면 이제 휴대전화로 못하는 것이 없는 세상이 되었다.

그렇다면 휴대전화의 미래는 과연 어떠할까? 전문가들은 "휴대전화는 이제까지 발명된 모든 문명의 이기 중에서 사람의 몸에 가장 가까운 것이므로 그 영향을 기술적이 아니라 문화적 관점으로 파악해야 한다"고 주장한다. 다시 말해 휴대전화가 창출하는 모바일 콘텐츠는 문화 산업이라는 얘기다. 사실 이 부분은 내가 휴대전화의 매력에 빠져든 이유이자 이 신기한 기기의 진화를 추적해 봐야겠다고 결심하게 된 동기이기도 하다.

학자들은 휴대전화의 미래를 한마디로 '개인 미디어 센터'로 규정한다. 사진, 동영상, 데이터 등 개인이 생산하는 멀티미디어 정보들을 최적의 방법으로 기록 및 방송하는 움직이는 쌍방향 '개인방송국'으로써 문화 예술 분야의 새로운 도구가 될 것으로 전망하는 것이다. 심지어 일부에서는 모든 대중문화가 휴대전화로 빨려 들어가고 있다고 우려하기도 한다. 하지만 개인 미디어 센터가 휴대전화의 최종 모습은 아니다.

바로 여기까지가 2006년에 휴대전화와 관련된 책을 저술하면서 당시까지의 휴대전화 진화에 관해 내가 개략적으로 소개한 내용이다.

그 이후의 진화 과정

그러면 이후 현재에 이르기까지 휴대전화가 어떻게 진화해 왔는지 그 중요한 부분만 간추려 알아보도록 하겠다. 결론부터 말하자면 휴대전화는 그야말로 눈부신 발전을 거듭해 왔다. 이제 휴대전화는 생활기기가 아니라 신유목민 시대의 필수품이자 신체의 일부라는 것이 더 타당할 정도이다. 이런 속도라면 머지않아 만화나 영화 속에서만 보던 사이보그 인간이 탄생할지도 모른다.

휴대전화의 진화는 진정 무죄인가? 그 진화 속도는 무서울 만큼 빠르고 파괴력 역시 두려울 정도다. 여기에서는 휴대전화의 진화 모습 중에서도 인간에게 중요한 영향을 미치는 분야와 활용도에 집중해 소개하도록 하겠다.

2009년 한국에서 개최된 〈월드 IT 쇼 2009〉 전시회는 한국 휴대전화 진화의 현주소를 생생히 보여주었다. 그때 특히 주목받은 것은 한국이 주도하는 세계 휴대전화 진화의 큰 방향이 그린(Green, 환경), 디지털 컨버전스(Digital Convergence, 융합) 그리고 컨버전스의 진화된 형태인 컬래버레이션(Collaboration, 협업)이었다는 점이다.

먼저 환경 개념을 접목한 것으로 태양광 휴대전화가 등

장했다. 삼성전자가 개발한 이 휴대전화는 뒷면에 태양광 패널을 장착했기 때문에 언제 어디서든 햇빛만 있으면 충전이 가능하다. 물론 일반 배터리도 함께 장착해 태양광 충전을 보조용으로 쓰도록 했지만 패널 기술 발달로 머지않아 완전한 태양광 휴대전화가 나올 전망이라고 한다. LG전자도 태양광으로 충전할 수 있는 에코폰을 선보였는데 이 제품은 10분간 충전하면 3분간 통화할 수 있다. 그뿐 아니라 태양광으로 충전할 수 있는 차량용 핸즈프리도 등장해 태양광 휴대전화 시대의 도래를 알렸다.

다음으로 디지털 컨버전스를 대표하는 것은 3스크린플레이라는 휴대전화로, 이것은 집에서 보던 수십 개의 채널을 그대로 휴대전화에 옮겨놓은 것이다. 3스크린플레이란 소비자들이 가장 많이 사용하는 'TV+PC+휴대전화'의 핵심 단말기에 언제 어디서든 끊어지지 않는 콘텐츠를 제공하는 것을 말한다. 대표적인 제품으로 SK텔레콤의 유비쿼터스 TV(U-TV), KT의 모바일 IPTV 등이 있다.

이것은 'TV+PC+휴대전화'라는 단순한 하드웨어(H/W)적 융합뿐 아니라, 통신과 방송이라는 서로 다른 산업 간의 융합에 콘텐츠가 결합하는 등 복합적인 융합을 의미한다. 2009년 6월, 제주도에서 열린 한·아세안 특별정상회의에 참석한 한 고위인사는 "늘 집에서 보던 태국 방송 'BBTV 채널 7'을 회의장에서 휴대전화로 봤어요"라고 말하며 매우 놀라워했다. 우리가 세계 최초로 선보인 모바일 IPTV로 자국의 TV방송 프로그램을 보고는 깜짝 놀라 이런 말을 했던 것이다.

하지만 이것은 시작에 불과하다. 휴대전화는 이미 자동차는 물론 로봇, 섬유, 심지어 디자인과도 결합하고 있다. 바로 이것이 업종의 경계를 뛰어넘는 협력을 통해 새로운 시장을 만들어내는 컬래버레이션이다. 앞으로는 이러한 협업이 휴대전화 시장에서의 성패를 좌우할 것으로 보인다.

최근 IT 업계에서는 지난 10년간 성장을 이끌어온 디지털 컨버전스라는 패러다임이 서서히 멀티 컬래버레이션으로 옮겨가고 있는데, 특히 그것은 휴대전화에서 가장 첨예하게 나타나고 있다. 예를 들어 SK텔레콤은 유진로봇·SK C&C·르노삼성 등과 협력해 만든 영상 전송 로봇, 원격 진료, 차량 원격 제어 및 진단 서비스 등을 시연했다. 또한 LG전자는 명품 업체 프라다와 함께 프라다폰2 휴대전화를 만들었으며 삼성전자는 제일모직과 디자인을 협업해 햅틱팝 휴대전화를 생산했다.

이에 대해 정만원 SK텔레콤 사장은 "음성 통화 중심의 시장은 더 이상 성장하기 어렵다. IT와 제조 및 유통의 컨버전스를 통해 부가가치를 2퍼센트 올리면 나라 전체로 보았을 때 20조 원의 부가가치를 높일 수 있는데, 이 중 절반만 통신 업체가 가져가도 시장을 크게 확대할 수 있다"고 설명했다.

이 말은 향후 휴대전화의 진화 방향이 어마어마한 시장을 창출할 것임을 시사하고 있는 것이다. 동시에 이제까지의 단순한 음성 통화나 문자 서비스, 데이터, 동영상 부가 서비스 등의 통신 사업 모델로는 더 이상 성장이 불가능하다는 것을 의미한다. 통신 시장에 새로운 시대가 열리고 있는 것이다. 이를 통해 우리는 휴대전화의 진화가 진정 무죄라는 것을 확신할 수 있다.

그러면 휴대전화의 진화 중에서 중요한 비즈니스 기회를 제공하는 분야를 몇 가지 더 살펴보자.

2. 차 내 모바일로 자동차 도둑을 잡는다

모바일 컬래버레이션 모델의 대표적인 분야가 바로 차 내 모바일(Mobile In Vehicle)이다. 이미 차 내에서 휴대전화로 통화를 하고 있는데 무슨 말이냐고 할 수도 있지만, 그런 말은 여러분이 아직 21세기로 건너오지 못했다는 것을 의미한다. 차 내 모바일이라고 하는 것은 휴대전화로 자동차의 문을 열거나 부품 상태를 확인하고 도난을 방지하는 것 등을 말한다. 또한 휴대전화 T미니로 지하철을 타는 것도 휴대전화를 자동차용으로 사용하는 것에 해당한다.

약간 어설프긴 했지만 2006년 녹일 월드컵 축구 경기에 맞춰 유럽에서 차 내 모바일을 시도하기는 했다. 유럽의 세계적인 반도체 회사 ST마이크로(STMicro)사가 월드컵 경기 시청을 위한 차 내 모바일 TV를 구현하기 위해 베를

린, 뮌헨 등 독일의 12개 도시에서 월드컵 경기를 DMB로 방송했던 것이다.

그러나 본격적인 차 내 모바일 서비스는 2009년 6월 대한민국에서 세계 최초로 이뤄졌다. 대표적인 차 내 모바일 모델은 KT가 현대자동차와 제휴해 세계 최초로 상용화한 것으로, 이는 휴대전화를 이용해 차량을 원격 진단 및 제어할 수 있는 서비스이다. KT와 현대자동차는 서울에서 개최된 〈월드 IT 쇼 2009〉에서 휴대전화로 차량을 원격 진단하고 제어할 수 있는 '쇼(SHOW) 현대차 모바일 서비스'를 세계 최초로 상용화했다고 밝혔다.

이 서비스를 이용하면 차 열쇠가 없어도 원격으로 문 열림과 잠금, 트렁크의 열림과 닫힘, 그리고 사이드미러를 펴고 접는 것이 가능하며 주행 중의 자동 잠금 설정이나 경고음 작동 설정 등을 바꿀 수 있다. 또한 엔진, 변속기, 냉각수, 엔진오일, 발전기 등에 대한 진단을 통해 차량 이상 여부도 실시간으로 확인할 수 있다. 일종의 모바일 차량 청진기이자 차계부인 것이다.

한편 SK텔레콤도 모바일 텔레매틱스 서비스인 차 내 모바일을 국내에 처음으로 소개했다. 이것을 이용하면 이동통신망에 연결된 휴대전화로 자동차 원격 진단과 제어는 물론 각종 모바일 엔터테인먼트 서비스, 길 안내, 위치 정보 등 다양한 서비스를 받을 수 있다. 나아가 자동차의 엔진 브레이크 등 구동 장치 이상 유무, 연료 상태 체크, 차량 감시, 도난 추적이 가능한 안전 보안 서비스 등도 제공하기 때문에 그야말로 자동차 도둑이 발붙일 곳이 없을 정도다.

휴대전화라는 작은 기기가 자체 진화로 여러 분야에 영향을 미치는 것은 물론, 활용 서비스로도 인류 생활에 지대한 영향을 미치고 있는 것이다.

3. 움직이는 사무실 시대가 열린다

차 내 모바일 시대와 더불어 사무실 모바일 시대도 열리고 있다. 그러면 모 언론에 소개된 삼성의 '움직이는 사무실'에 대한 기사 내용을 살펴보자.

"여자친구와 주말 데이트를 즐기던 삼성SDS의 김 모 대리(30). 전날 밤에 마무리한 소프트웨어 테스트가 마음에 걸려 스마트폰을 꺼냈다. 회사 인트라넷(내부 전산 시스템)에 접속하자 시스템상의 작은 오류가 발견됐다. 그는 즉시 스마트폰으로 사내 메신저에 들어가 당직 근무자를 확인한 뒤 시스템 점검을 부탁했다. 동시에 팀장에게는 이메일로 간단히 보고를 해뒀다. 한 시간 뒤 스마트폰이 울리더니 문제가 해결됐다는 당직자 메시지가 도착했다. 그날 저녁 메일 보관함을 열자 '오류를 발견하지 못했다면 다음주 업무에 큰 차질이 있었을 것'이라며 수고했다는 팀장의 메시지가 도착해 있었다.”

이처럼 기업들의 움직이는 사무실, 즉 모바일 데스크를 통해 장소의 제약이 사라지면서 현장경영 체제가 더욱 굳건해질 전망이다. 이는 기업의 입장에서는 비용절감 효과가 있고 직원들은 스스로 생산성을 높이는 계기가 되고 있기 때문이다. 특히 증권회사의 경우에는 직원들이 외부에서도 사무실로 걸려온 고객전화를 받을 수 있을 뿐 아니라 이메일과 메신저, 홈 트레이딩 시스템(HTS) 등의 작업을 처리하는 등 업무 효율성을 극대화할 수 있다. 한마디로 휴대전화가 업무 기지이자 움직이는 사무실로 활용되고 있는 것이다.

모바일 데스크는 기업들의 업무 방식뿐 아니라 근무 형태에도 변화를 불러오고 있다. 모바일 데스크가 기업에 적용되면서 이동할 때나 집에서 간단한 업무 및 보고가 가능한 덕분에 출퇴근 시간에 덜 제약을 받는 것은 물론 재택근무도 증가하고 있다.

국제 시장에서도 이러한 변화가 뚜렷하게 나타나고 있다. 이미 IBM이나 BT 같은 글로벌 기업들은 비슷한 프로그램을 광범위하게 도입해 재택근무를 늘리고 있다. 그런

가 하면 독일의 전사적 자원관리 프로그램(ERP) 개발 업체
인 SAP 등은 우리나라의 모바일 데스크를 수입하기 위해
삼성과 협력을 꾀하고 있다. 만약 ERP와 모바일 데스크
가 결합한다면 휴대전화는 움직이는 사무실을 비롯해 움
직이는 연구실, 회계사, 변호사, 금융회사 등의 역할도 하
는 '움직이는 종합 컨설팅회사'로 변신이 가능할 것이다.

이와 관련해 세계적인 IT 관련 조사기관인 IDC는 최근
보고서에서 2009년에 모바일 사무실 수가 약 5억 4,310
만 개로 증가할 것으로 예측했다. 실제로 한국의 비즈니스
프로세스 관련 포럼인 BPM(Business Process Management)
의 조사에 따르면 대상 기업 중 75퍼센트가 원격 사용자
가 증가하고 있다고 대답했으며, 84퍼센트의 기업이 이동
성 증가로 인한 IT 문제를 예상하는 것으로 나타났다.

이처럼 국내외의 모바일 데스크로 대변되는 원격 사무
실의 활성화는 통신 사업자들에게도 많은 기회를 제공할
것으로 보인다. 기업의 이러한 업무 형태 변화는 FTA와
연계된 거대한 B2B(Business To Business, 기업 시장) 시장과
B2G(Business To Government, 정부조달 시장) 시장이라는 모바
일 황금시장의 도래를 의미하기 때문이다. 과연 이 황금시
장을 누가 차지할 것인가?

4. 라이프 컨버전스 시대도 왔다

무선 인터넷 서비스가 '개인 맞춤형' 시대로

이른바 라이프 컨버전스 시대가 열리면서 개인 맞춤형 무선 인터넷 서비스를 구현하는 기술이 잇따라 등장하고 있다. 최근 삼성경제연구소는 〈IT 컨버전스의 진화〉라는 보고서를 통해 "디지털 컨버전스는 끝났다. 이제는 라이프 컨버전스 시대가 올 것이다"라고 주장했다.

디지털 컨버전스가 IT 결합 상품을 대량 판매하는 매스 마케팅 서비스 전략이라면, 라이프 컨버전스는 개별 소비자에게 맞춤형 융합 서비스를 제공하는 것을 말한다. 다시 말해 IT 자원, 콘텐츠, 광고 등을 맞춤형으로 선별해 유무선 네트워크로 중단 없이 제공하는 것을 라이프 컨버전스라고 한다.

예를 들어 IT 자원 분야의 경우, 과거에는 개인이 필요로 하는 소프트웨어가 있으면 패키지형 상품을 비싸게 사다 썼지만 이제는 사용자가 필요로 하는 만큼 제공받고 사용료를 내는 클라우드 컴퓨팅 서비스가 확대되고 있다. 앞으로는 콘텐츠도 자신이 원하는 대로 동영상이나 영화, 음악 등을 제공받는 개인 맞춤형 소비 모델이 부상할 전망이다. 광고 역시 이용자의 특성을 파악해 가장 적합한 광고를 제공하는 이용자 기반 광고가 부상할 것이라고 한다. 통신 업체들은 이미 개인화, 맞춤형 서비스라는 소비자들의 성향 변화와 컨버전스 진화에 맞춰 개인 맞춤 서비스를 제공하고 있다.

그러면 좀 어려울지도 모르지만 반드시 알아야 하는 새로운 서비스를 소개하고자 한다. 이것을 알아야 휴대전화 진화의 큰 줄기를 볼 수 있기 때문이다. 앞으로 휴대전화 진화의 방향에서 개인 맞춤 서비스는 대세가 될 전망이다.

대표적으로 SK텔레콤은 최근 개인에게 최적화한 데이터를 전달하는 서비스, 즉 휴대전화의 대기화면 등에 개인이 원하는 맞춤형 정보와 채널 정보를 제공하는 다이내믹 콘텐츠 전송(DCD, Dynamic Content Delivery) 플랫폼을 구축했다. 또한 KT도 와이브로 서비스에 DCD를 도입하고 한

화면에 여러 채널을 제공하는 개인화 서비스인 팝업 서비스를 고도화해 제공하고 있다.

이러한 서비스를 제공하려면 사용자의 신상 정보, 통화 및 무선 인터넷 사용 내역 등의 정보를 분석해 최적의 서비스를 추천하는 상황 인식 기술이 필수적이다. 물론 이러한 기술은 현재 국제적으로 급속히 확산되고 있다. 이는 무선 인터넷의 서비스 방향이 정적인 방식에서 동적인 서비스로 빠르게 옮겨갈 것임을 예측하게 한다. 즉, 진열대에 상품을 늘어놓고 손님이 오는 것을 기다리던 기존의 서비스와 달리, 다이내믹 서비스는 신문구독처럼 사용자에게 직접 찾아가 서비스를 제공하는 것이다.

지금은 라이프 컨버전스가 대세이다. 이는 마치 의사가 환자에게 맞춤 처방을 해주거나 가정에서 어머니가 가족의 입맛에 맞게 음식을 해주는 것과 같다. 이제 단말기 판매 장려금이나 통화 요금 수수료로 사업을 하는 시대는 지나갔다. 여러분의 사업 파트너가 그다지 필요로 하지 않는 광고성 문자만 보내지 말고 상대가 원하는 재테크, 교육, 건강, 일자리, 알뜰살림, 부동산 정보를 제공하라. 이미 이러한 흐름은 통신뿐 아니라 다른 여러 분야에서도 나타나고 있다.

최근에 우리나라의 우주항공 기술이 눈부시게 발전했는데 머지않아 개인용 맞춤 항공기(PAV, Personal Air Vehicle)도 개발할 예정이라고 한다. 세계를 제패하는 휴대전화와 자동차 기술로 맞춤 항공기를 개발하려 하는 것이다. 어쩌면 가까운 미래에 영화나 만화에서처럼 사람들이 시내를 둥둥 떠다니며 출근하는 모습을 보게 될지도 모른다.

얼마 전에는 연매출 100억 원이 넘는 식당이 등장해 화제가 되기도 했다. 그 식당은 신라호텔에서 운영하는 '더 파크뷰'로 호텔식당이라 다소 비싼데도 불구하고 연간 이용자가 27만 명을 넘어서고 있다. 그 식당이 그처럼 호황을 누리는 이유는 무엇일까? 그것은 음식을 잘 만들고 서비스가 좋은 것은 물론 선택과 집중, 섬세한 배려를 통한 고객 맞춤 전략 때문이다.

이제 소비자들은 고객 맞춤 서비스를 기대한다. 그러므로 DCD를 기억하라. DCD로 대변되는 새로운 통신 패러다임을 활용하라. 21세기에는 모든 분야에서 고객의 개인별 취향과 욕구에 맞는 서비스를 제공해야만 살아남을 수 있다. 이는 곧 무한한 시장 확장을 의미하기도 한다.

통신 · 콘텐츠가 협력해야 생존할 수 있다

성공한 벤처 기업인의 상징이자 2006년 미국 범아시아인 상공회의소가 선정한 가장 영향력 있는 아시아인 10인에 뽑힌 김종훈 벨연구소 사장은 이렇게 말했다.

"지금까지 통신 사업자는 전화나 인터넷 등 개별 서비스를 제공하며 돈을 벌었지만, 앞으로는 서비스가 아니라 수많은 개별 소프트웨어를 전송하며 돈을 버는 시대가 열릴 것이다. 이미 네트워크의 성격이 서비스 네트워크에서 애플리케이션 네트워크로 달라지고 있다. 이러한 환경에서는 통신 사업자와 콘텐츠 사업자가 서로 협력해야 미래 정보기술 산업에서 성공할 수 있다. 왜냐하면 이제까지 통신 사업자는 네트워크를 깔고 매달 일정 요금을 받는 사업 모델에 익숙해져 있지만 이용자들은 더욱 세분된 추가 서비스에 기꺼이 돈을 낼 준비가 되어 있기 때문이다. 이를 위해서는 콘텐츠 공급자와의 협력이 필수적이다."

예를 늘어 아마존의 전자책(e-book)인 킨들(Kindle)을 보면 콘텐츠 사업자와 통신 사업자의 협력이 앞으로 어떤 변화를 일으킬지 예측할 수 있다. 사실 킨들은 무선 네트워크를 이용해 콘텐츠를 내려받을 수 있다는 점에서는 좀 더 큰 전화기와 다를 바 없다. 그러나 전화기는 통화할 때마다 돈을 내는 데 비해 킨들은 콘텐츠를 내려받을 때 통신 요금을 내지 않고 책을 구입하는 비용, 즉 콘텐츠 다운로드에 따른 요금을 지불한다. 물론 이 요금 중 일부는 콘텐츠 사업자와 통신 사업자간 정산을 통해 통신 사업자에게 돌아간다.

이는 라이프 컨버전스의 또 다른 진화 모습이자 서비스 모델이다. 이제 깔아놓은 네트워크의 사용료를 받는 서비스 시대는 가고 그를 활용한 콘텐츠 서비스 시대가 오고 있는 것이다. 이러한 흐름은 통신 업체에게 망을 빌려 사업을 하는 네트워크 통신 사업자들에게도 변화를 요구한다. 현명한 독자는 이미 통신 사업의 또 다른 가능성, 즉 콘텐츠 사업의 미래를 엿보았을지도 모른다. 이제 대세는 망이 아니라 콘텐츠다. 복과 부는 현명한 자를 향해 흘러가는 법이다!

5. 모바일 증강현실이 뜬다

눈앞으로 성큼 다가온 가상현실

세상의 진화를 분류하는 방법에는 여러 가지가 있다. 여기에서는 IT와 관련하여 몇 가지 분류법을 소개한 후, 모바일 증강현실이 무엇이고 그것이 어떤 시장을 창출하는지 살펴보도록 하겠다.

우선 세상을 분류하는 방법 중 가장 일반적인 것은 그동안 우리가 살아온 세상을 물질세계, 정신세계, 영혼세계로 분류하는 것이다. 또한 진화론적 우주관의 측면에서 물질(지질권), 생명(생명권), 정신(정신권)으로 분류하기도 한다.

그러면 IT와 관련된 분류법에는 어떤 것이 있을까?

첫째, 정보통신 기술과 인터넷이 보급되기 시작하면서 분류되기 시작한 아날로그 세계와 디지털 세계가 있다. 둘째, 디지털로 대변되는 인터넷 기반의 세상이 진화하면서 분류되기 시작한 현실세계, 사이버 세계, 유비쿼터스 세계이다. 셋째, 현실 구현의 차원에 따른 분류로 실존현실, 가상현실, 증강현실로 분류하는 것이다.

다른 분류법은 이미 ≪u-Trade 빅뱅≫에서 소개했으므로 생략하고 여기에서는 마지막 분류법을 살펴보고, 그것이 휴대전화와 어떻게 접목되는지 알아보기로 하겠다.

실존현실이란 현재 우리가 살아가는 물질세계를 의미한다. 이 실존현실이 사이버상에 실제 상황에 가깝게 구현되는 것이 바로 가상현실(VR, Virtual Reality)이다. 이러한 가상현실은 인터넷으로 구현된 단순한 사이버 세계와는 차원이 다르다. 물론 사이버 세계에도 학교, 공장, 신문, 책, 동물, 바다, 상거래 등 다양한 실존현실이 구현되지만 대개는 입체적인 3D(Three Dimension, 3차원)가 아니라 평면적인 2D 형상이다. 현재의 인터넷인 IPv4(Internet Protocol version Four)상에서는 3D를 완전히 구현하기 어려우나, ≪u-Trade 빅뱅≫에서 소개한 차세대 인터넷인 IPv6에서는 쉽게 구현할 수 있다. 이미 IPv6의 보급과 함께 가상현실 사업화가 맹렬히 진행 중에 있으므로 이를 눈여겨봐야 한다.

증강현실이란 실존현실과 가상현실이 결합해 창조한 새로운 세상을 말한다. 그러면 먼저 가상현실부터 살펴보자.

최근 서울에서 개최된 한 IT 전시회에 가면 3D·가상현실 기술을 체험할 수 있다. 특히 빅아이엔터테인먼트의 입체 영상관에서는 동화 〈도깨비〉, 〈해님 달님〉, 〈헨젤과 그레텔〉을 3차원 애니메이션으로 제작해 상영하고 있다. 무엇보다 바람, 진동 효과, 비눗방울, 조명 등의 특수 효과까지 더해져 짜릿한 감동을 느낄 수 있다.

또한 일렉콤 부스에서는 가상현실 사격 체험을 할 수 있다. 특수 제작된 레이저 권총으로 좀비 사냥, 수렵, 클레이 사격 등을 직접 해볼 수 있는 것이다. 흥미롭게도 실제 사격을 하는 것처럼 사격 후의 권총의 반동도 느껴진다.

스크린 골프 열풍을 불러일으켰던 골프존 부스에서는 이색적인 골프 체험을 할 수 있다. 골프 코스로 서울 광화문 거리가 등장하는 데다 배경 화면도 3차원으로 제작돼 실감나는 골프를 경험할 수 있는 것이다. 한국전자통신연구원의 '실감 및 가상체험 학습 시스템' 부스에서는 TV 화면을 통해 가상 연극을 보거나 경제 교육을 받을 수 있는 콘텐츠를 만날 수 있다.

사실 특수 분야에서는 이미 오래 전부터 이 같은 가상현실을 활용해 왔다. 예를 들어 비행기 조종을 위한 교육 시스템이나 군사 분야, 게임 분야의 경우 이러한 가상현실을 활용해 온 지 오래다. 그러나 이제는 특수 분야뿐 아니라 일반인들도 가상현실을 보다 쉽게 접할 수 있게 되었다. 가상현실이 다양한 분야에서 활용되며 우리 눈앞에 성큼 다가온 것이다.

행복한 세상, 증강현실

증강현실(AR, Augmented Reality)이란 과연 무엇을 말하는 것일까? 증강현실은 가상현실이 실존현실에 구현된 것을 의미한다. 즉, 실존현실과 가상현실의 접합을 뜻한다. 사실 우리가 느끼지 못해서 그렇지 우리는 이미 증강현실을 늘 접하고 있다.

대표적으로 우리는 TV에서 날씨 뉴스를 시청할 때, 지도 위에 구름이 둥실 떠 있고 한반도를 향해 태풍이 몰려오는 것을 볼 수 있다. 또한 선거방송에서 아나운서가 계단이나 교탁 위에서 득표 상황을 중계하거나 입체적인 도표들을 보여주는 것도 증강현실을 활용한 것이다.

최근에는 3면을 활용하는 스크린 골프, 자기 얼굴에 맞게 디자인해 주는 미장원, 공룡이 나오는 동화책 등이 상용화하고 있으며 그 응용 범위가 무한대로 넓어지고 있다. 물론 이것은 엄청나게 넓은 새로운 시장이 창출되고 있음을 의미한다.

더욱이 정부가 세계 최고 수준의 모바일 단말기 및 서비스 인프라를 토대로 첨단 증강현실 기술 국산화에 막대한 예산을 투입하겠다는 계획을 발표해 주목을 받고 있다. 아직 시장 초기 단계인 이 분야의 지식재산권을 선점하고 국제 표준화를 주도하겠다는 얘기다. 실제로 한국콘텐츠진흥원은 2009년 문화콘텐츠 산업 기술지원 사업 과제 중 하나로 모바일 AR 기술 개발을 꼽았고, 과제 수행 사업자로 한국과학기술연구원(KIST)을 선정했다. 모바일 AR은 최근 노키아의 LA연구소와 남가주 대학이 첫 번째 공동 연구과제로 삼는 등 전 세계적으로 잠재 가능성이 큰 분야로 주목받고 있는 첨단 분야이다.

모바일 증강현실 기술이 개발되면 스마트폰이나 휴대전화를 통해 비록 가상이지만 관광지나 문화재를 실감나게 체험할 수 있다. 또한 디지털 영상 합성 방송 시스템이나 테마파크 등에도 활용이 가능하며 내 휴대전화에 돌아가신 어머니의 영상을 모실 수 있고, 멀리 떨어진 사랑하는 가족의 입체 영상을 항상 휴대전화에서 꺼내볼 수 있는 등 응용 범위가 무궁무진하다. 참으로 행복한 세상이 오고 있는 것이다

전 세계를 하나의 모바일 생태계로 만들어라

CHAPTER 3

전 세계를 하나의 모바일 생태계로 만들어라

1. 모바일 혁명은 이미 시작되었다

모바일 혁명 소개

앞에서 살펴본 것처럼 휴대전화의 진화 속도는 어지러울 정도로 빠르다. 모바일 혁명이 급속도로 진행되고 있기 때문이다. 휴대전화의 자체 기능 발전도 놀라울 정도지만 이를 활용하는 서비스 역시 놀랍게 발전하고 있다.

그러나 내가 4년 전에 휴대전화의 진화를 살펴볼 때와 많은 차이점이 발견되고 있다. 당시에는 휴대전화가 개별적으로 약진했지만 이제는 다양한 플랫폼과의 조화, 주변부와의 네트워크 형성, 타 산업과의 통섭, 거대한 신시장 창출, 국내외를 아우르는 생태계 형성 등의 차이가 있는 것이다. 다시 말해 전에는 휴대전화가 통신 수단으로써 다양하게 진화했으나 지금은 휴대전화를 정점으로 새로운 생태계가 형성되고 있다. 이는 매우 중요한 대목으로 특히 휴대전화를 활용해 사업을 전개하는 통신 사업자가 눈여겨봐야 한다.

휴대전화 발전 과정에서 가장 큰 전환점을 꼽는다면 본래의 통신 기능에서 벗어나 결제 수단으로 진화한 것을 들 수 있다. 이는 지금까지 결제 수단으로 사용되어 온 현금, 카드, 온라인, 폰뱅킹 등의 위축을 불러오기도 했지만 소비자들은 그 편리성에 환호했다. 무엇보다 휴대전화 하나만 있으면 물건을 구입하는 비용이나 세금, 학교 공납금, 병원비, 여행비, 각종 요금, 그리고 사업 자금까지도 결제할 수 있기 때문에 신용카드 남발이나 돌려 막기 등의 폐해가 줄어드는 효과가 나타났다. 또한 온라인 뱅킹을 이용하기 위해 PC를 켜는 불편함이나 일일이 전화로 절차를 밟아야 하는 폰뱅킹의 번거로움도 피할 수 있게 되었다.

나아가 조만간 휴대전화로 무역을 할 수 있는 날이 올 것이다. 코트라(KOTRA)는 이미 복잡한 무역 계약을 한 번의 클릭으로 체결하고 무역 계약에 따른 결제도 신용카드로 해결할 수 있는 전자 무역(e-Trade) 서비스를 도입했다. 그렇다면 현재 신용카드가 휴대전화 안에 들어와 있으므로 휴대전화로 무역 결제도 할 수 있는 셈이다. 현재 한국은 휴대전화로 무역 대금을 결제하는 u-Trade의 표준을 주도하고 있다. 내가 예상했던 빅뱅의 그날이 바짝 다가온 것이다.

또한 나는 차세대 인터넷 전쟁터는 휴대전화 안에 있다고 소개한 바 있다. 더불어 휴대전화로 가까운 식당이나 열차 시간표 등을 확인할 수 있는 모바일 검색 시장이 일취월장하고, 모바일 기기 화면에서 곧바로 인터넷에 접속할 수 있도록 해주는 무선 단말기용 인터넷 주소 시스템인 닷모비(.mobi) 도메인의 등장도 소개했다. 그뿐 아니라 휴대전화 검색 시장과 휴대전화 홈페이지(폰피) 시장이 개화돼 휴대전화가 컬러 홈페이지, 설문 조사, 개인 쇼핑, 선거 홍보, 시청자 참여, 영화 홍보, 신제품 소개, 이벤트 참여 등을 해내고 있다는 것도 알려주었다. 심지어 폰피로 팬레터 쓰기, 공개 스타 답장, 스타 오디션 등 인기 연예인들과 직접 만날 수 있는 서비스를 제공해 젊은이들 사이에 인기를 끌고 있다는 것을 소개했다.

휴대전화의 또 다른 유익한 점은 교육 서비스를 제공한다는 것이다. 휴대전화의 편리성과 휴대성을 이용한 서비스 중에서 모바일 교육은 단연 압권이다. 이미 모바일과 교육의 결합으로 기존 PC 기반의 e-Learning 기업들은 속속 모바일 기반의 m-Learning으로 합류하고 있다.

이에 따라 수험생들을 위한 수능 서비스, 고품질 논술 서비스, 공무원 시험 서비스 등이 동영상과 함께 제공될 예정이다. 아울러 매달 정해진 금액만 지불하면 로맨스, 무협지, 경제·경영도서 등 다양한 장르의 휴대전화 전자책을 무제한으로 볼 수 있는 서비스도 나왔다. 아마존의 킨들 서비스도 모바일과 교육이 결합한 좋은 사례이다.

이동하면서 휴대전화로 공부도 하고 책도 읽는 m-Learning 시대가 열리면서 이제까지의 사원교육, 회원교육, 사회교육처럼 모여서 하는 집합교육을 고집하는 시대는 멀어져가고 있다. 그렇다고 스킨십이 중요한 집합교육을 포기하라는 얘기는 아니다. 서로 안부도 묻고 네트워크도 구축할 수 있는 집합교육과 더불어 m-Learning, u-Learning을 적절히 활용하는 것이 좋다.

한편 휴대전화 활용 서비스 중에서 빼놓을 수 없는 것이 휴대전화와 게임이 결합한 모바일 게임이다. 휴대전화가 오락기구로 사용되기 시작한 것은 이미 오래 전의 일이지만, 최근에는 더욱더 휴대전화를 이용한 게임이 만발하고 있다. 그중에서도 실시간 모바일 네트워크 게임이 특히 주목을 받고 있다. 실시간 모바일 네트워크 게임은 휴대전화에 PC상의 환경으로 온라인 롤플레잉 게임을 구현한 것으로 다수의 접속자가 동시에 게임을 즐길 수 있다. 특히 우리나라 게임 업체들은 이 분야에 강해 수출도 하고 있다.

그 외에 카메라폰으로 바코드를 읽어 회원관리, 출입관리, 결제 등에 활용하는 모바일 바코드 서비스도 인기를 끌고 있다. 또한 휴대전화에 전자태그(RFID) 리더를 부착해 택시 안심 귀가 서비스, 박물관·관광 안내 서비스, 양주 진품 소비 서비스, 멀티미디어 감상 서비스 등이 가능한 모바일 전자태그 서비스도 제공하고 있다. 최근에는 무엇보다 휴대전화를 활용한 소고기 이력 추적제가 화제가 되고 있다.

이와같이 다양한 인터넷 전쟁이 휴대전화 안에서 일어나고 있다. 가히 모바일 혁명 시대라고 할 수 있지 않은가!

모바일 생태계를 대비하며

지금까지 휴대전화의 진화 과정에서 1차 점검을 할 때 소개한 휴대전화의 결제, 무역, 검색, 홈페이지, 포털, 교육, 게임, 바코드, 전자태그와의 결합 등을 살펴보았다. 또한 차 내 모바일, 움직이는 사무실, 라이프 컨버전스, 모바일 증강현실 등 최근의 진화 과정도 점검하였다.

이제부터는 휴대전화가 자체 약진의 시대를 지나 자기를 중심으로 모바일 생태계를 형성하는 포괄적인 진화 과정을 살펴보고자 한다. 그 이유는 모바일 생태계에 대비하고 그 생태계에 진입해 수익을 창출하는 방안을 모색하기 위해서다.

하지만 무엇보다 중요한 것은 바로 사람이다. 모바일 생태계에 대비하려면 생태계의 주인공인 사람도 진화해야 하기 때문이다. 그동안 IT업계를 지배하던, 그러나 어쨌든 이동성이 없는 PC 기반의 디지털 유목민인 프로슈머(Prosumer)는 이제 안녕을 고하고 있다. 앞으로는 이동성, 신속성, 글로벌성이 가미된 모비슈머(Mobisumer, Mobile Prosumer)를 거쳐 공간 및 사물과도 소통이 가능한 만물 인터넷 주인공이자 지능화한 제3 공간의 유비슈머(Ubisumer, Ubiquitous Prosumer) 시대가 올 것으로 보인다. 따라서 우리는 이러한 생태계의 진화를 예의 주시하며 그 생태계의 주인이 되기 위해 스스로의 진화를 준비해야 한다. 그렇지 않으면 진화의 희생물로 전락하고 말 것이다.

프로슈머	Prosumer	Producer + Consumer	디지털시대	PC 기반	정착성, 비이동성, 비글로벌성
모비슈머	Mobisumer	Mobile + Prosumer	모바일시대	휴대전화 기반	이동성, 글로벌성, 사물과 소통 미흡
유비슈머	Ubisumer	Ubiquitous + Prosumer	유비쿼터스 시대	통합 단말기	이동성, 글로벌성, 사물과 소통

2. M-워커, 모바일 근로자가 뜬다

M-워커란?

M-워커(Mobile Worker), 즉 언제 어디에서든 근무할 수 있는 모바일 근로자가 뜨고 있다. 모바일 생태계가 형성되면서 자주 등장하는 말 중의 하나가 '모바일 근로자'이다. 사실 근로자를 분류하는 블루칼라나 화이트칼라는 지금까지 숱하게 들어왔지만 M-워커는 최근에야 회자되고 있는 말이다. M-워커는 또 다른 의미로 모바일 생태계의 새로운 주인공인 모비슈머를 일컫기도 한다.

그러면 M-워커의 대표적인 예를 들어보자.

A씨는 글로벌 회사인 B사의 아시아 총괄대표로, 1년 중 절반 이상을 해외에서 보낸다. 그런 그가 세계 어디를 가든 꼭 갖고 다니는 것이 바로 한국의 C사가 만든 휴대전화

와 카메라를 장착한 고성능 노트북 PC다. C사의 휴대전화는 210개 나라에서 자동 로밍이 가능하고 메신저 사용은 물론 e-메일을 주고받기도 편리하다. 또한 한국에 있는 자기 회사 서버에서 자료를 꺼내 작업하는 것이 가능한데다 프로젝트만 연결하면 벽체에 화면을 분사해 비즈니스 프레젠테이션을 할 수도 있다. 그뿐 아니라 그는 노트북으로 세계 각국의 B사 임직원과 화상회의를 한다.

이처럼 언제 어디서든 일할 수 있는 시스템을 갖춘 M-워커가 늘고 있다. 이들은 스마트폰, 노트북 PC, PDA, PC 리모트 등 최신 모바일 IT 기기와 인터넷 서비스를 자유자재로 활용한다. 특히 2000년대 들어 유비쿼터스 환경이 열리면서 M-워커의 활동 반경은 갈수록 넓어지고 있다. 미국의 시장조사 기관인 IDC는 2009년 이후 M-워커는 세계적으로 8억 5,000만 명에 이를 것으로 전망하고 있다. 세계 근로자의 4분의 1이 사무실 밖에서 일할 거라는 얘기다. 특히 국내의 M-워커 중에는 출장이 잦은 기업제 임원, 영업직 종사자, IT 서비스 담당자가 많다.

최근에 모 IT 회사는 '이동성(Mobility)이 기업의 미래를 좌우한다'는 내용의 전망 보고서를 내놔 주목을 받기도 했다. 또한 이들은 M-워커의 전략적 가치가 커지면서 직원들의 모바일 업무 능력을 키우기 위해 사내 IT 시스템을 정비하는 회사가 늘어날 것이라고 전망했다.

실제로 삼성그룹에서는 휴대전화의 기능이 다양화하고 많은 나라와의 로밍이 실현되면서 움직이는 사무실, 즉 M-워커의 활동이 본격화하고 있다. 드디어 한국에서도 모바일 생태계가 본격적으로 형성되기 시작한 것이다. 최근에는 금융권에서 시작된 모바일 오피스 바람이 거세게 일고 있다. 그러나 무엇보다 모바일 오피스 확산에 걸림돌이던 보안 문제가 기술 발전과 기업 내부 보안정책 강화로 해결되면서 머지않아 유무선 통합(FMC, Fixed-Mobile Convergence)이 기업의 커뮤니케이션 플랫폼으로 자리 잡을 것으로 전망되고 있다.

이제 M-워커가 아니면 살아남을 수 없을지도 모른다. 이러한 환경을 입증하듯 해외에서도 HP, 소니, 모토로라 등이 스마트폰을 경쟁적으로 내놓고 있다. 또한 마이크로소프트는 M-워커의 업무 처리 방식을 알기 쉽게 설명한 동영상 CF를 만들어 세계 시장에 배포했다. 한마디로 M-워커의 득세가 세계적인 현상으로 확산되고 있는 것이다.

호모 모바일런스의 출현

　얼마 전 인류의 한 종족이던 네안데르탈인이 현생 인류의 조상인 크로마뇽인에게 잡아먹혀 멸종되었다는 연구 결과가 나와 충격을 준 적이 있다. 하지만 생태계의 특성을 고려한다면 이것은 그리 놀랄 일이 아니다. 세상의 진보에 따라 형태는 다르지만 지금 이 순간에도 생태계에 적응하지 못하는 종들은 새로운 종에 의해 소멸되고 있기 때문이다. 농업 사회의 농노들이 산업 사회의 자본가들에게 파이를 빼앗겼고, 산업 사회의 신농노인 블루칼라들이 정보화 사회의 골드칼라에게 파이를 빼앗기고 있다는 것은 그리 새삼스러운 발견이 아니다.

　그리고 이제 모바일 시대의 신인류인 소위 호모 모바일런스(Homo Mobilence)가 탄생하고 있다. 그렇다면 이들은 과연 누구에게서 어떤 파이를 빼앗아갈 깃인가? 이들은 M-워커의 진화일까, 아니면 새로운 종의 탄생일까?

　M-워커가 모바일 환경을 활용하는 근로자라면 호모 보바일런스는 모바일 환경에서 살아가는 생활인을 말한다. 이는 휴대전화와 정보기술을 통해 새롭게 열리고 있는 세상을 살아가는 현대인을 지칭하는 신조어다. 휴대전화로

일상을 처리하면서 편리한 삶을 추구하는 현대의 인간상에 대한 정의인 것이다. 모토로라의 애드 잰더(Ed J. Zander) 회장은 "향후 10년은 인터넷과 이동성(Mobility)의 융합이 활발하게 이뤄질 것이고 우리는 현재 그 초창기에 이르렀다"며 호모 모바일런스 시대의 본격적인 도래를 천명했다. 빌 게이츠 마이크로소프트(MS) 회장도 비슷한 비전을 제시했다.

중요한 것은 그러한 호모 모바일런스 시대를 국내 기업들이 선도하고 있다는 점이다. 삼성전자는 세계 1, 2위의 검색 업체인 구글, 야후 등과 전략적 제휴를 통해 전용폰을 생산한다는 계획을 발표했다. 또한 LG전자는 동영상 서비스 단말기를 선보이는 등 호모 모바일런스를 위한 가전과 콘텐츠의 접목 기술을 자랑하고 있다.

그러나 제대로 된 호모 모바일런스 사회가 되기 위해서는 해결해야 할 선결 과제가 만만치 않다. 통신 기능에 국한해도 사생활 침해와 스팸, 과다 요금 부과, 때와 장소를 가리지 않는 소음 등의 부작용이 사회에 문제를 던지고 있는데 그 활용 범위가 더 넓어지면 안전과 보안 등에서 얼마나 많은 문제가 쏟아져 나오겠는가! 더욱이 최근의 DDoS(Distributed Denial of Service, 분산 서비스 거부 공격) 사건에

서도 볼 수 있듯 국가 안보와 직결되는 문제가 발생할 수
도 있다. 그러므로 개인과 가정, 기업과 사회는 물론 정부
당국도 부작용을 막을 수 있는 패러다임의 전환을 이루고
제도적 장치를 마련해야 한다.

3. 모바일 플랫폼도 진화한다

정보를 전달하는 플랫폼의 진화

정보를 전달하는 플랫폼은 문명이 발달함에 따라 계속 진화해 왔다. 아니, 정보를 전달하는 플랫폼의 진화에 따라 문명이 발전했다고 해도 과언이 아니다. 인류는 목소리를 통한 원시적인 정보 전달 플랫폼으로부터 출발해 봉화, 파발, 서신, 신문, 라디오, 전신, 텔레비전 등에 이어 인터넷이라는 '정보의 바다'를 만들면서 시공을 초월해 정보를 전달하는 플랫폼을 갖게 되었다.

하지만 군사적 목적으로 발명된 초기의 인터넷은 느리고 일반인이 이용하기에 까다로워 대중화하지 못했다. 그러다가 1989년에 탄생한 월드와이드웹(www)을 통해 비로소 대중적인 접근성을 부여받았고, 그로부터 10년 뒤인

1999년에 초고속인터넷을 만나면서 날개를 달게 되었다. 월드와이드웹의 접근성에 초고속인터넷의 속도가 결합하면서 지구촌 각지에 흩어져 있던 알짜 정보들이 인터넷으로 흘러들어 바다를 이루게 된 것이다.

그러나 인터넷이라는 정보의 바다도 인간의 활동성 증가와 세계 시장의 통합이라는 시대적 대세 앞에 한계를 드러냈다. 고정된 PC 환경을 기반으로 이뤄져온 유선 인터넷을 이용해 원하는 정보를 찾으려면 집이나 사무실, PC방으로 가야만 했기 때문이다. 더욱이 FTA로 세계가 하나의 시장으로 통합되고 있음에도 나라마다 다른 인터넷 환경으로 인해 해외에서 인터넷을 마음껏 활용하기가 쉽지 않다. 특히 초고속망 환경에 익숙한 한국인은 해외에 나갔을 때 인터넷 접근의 어려움, 느린 속도 등으로 더욱 큰 불편함을 느끼게 마련이다.

결국 도시든 산이든 혹은 국내든 해외든 어디서나 필요한 정보를 찾고 원하는 일을 처리하려면 정보가 '바다'에 담겨 있는 것이 아니라 공기처럼 대기권을 떠다녀야 한다는 필요성이 대두되었다. 소비자들의 이러한 요구에 부응해 최근에는 기존 인터넷의 한계를 극복하는 새로운 정보 전달 플랫폼이 등장했다. 그 주인공은 바로 이동 중에도 인터넷에 접속해 원하는 정보에 접근할 수 있게 해주는 모바일 인터넷 플랫폼이다. 정보 전달 플랫폼이 정보의 대기권을 향해 또다시 진화한 것이다.

모바일 인터넷을 통한 데이터 통신 매출액이 세계적으로 22퍼센트(2009년)나 늘어날 것으로 예상되는 반면, 본래의 기능이던 음성 통신은 매출 증가율이 8퍼센트에 그칠 전망인 것을 보면 새로운 정보 전달 플랫폼의 수요가 얼마나 큰지 알 수 있다. 그러나 무엇보다 중요한 것은 이러한 변화 속에 많은 사업기회가 담겨 있다는 사실이다. 사용자와 정보 사이에 존재하는 시공간의 장벽이 사라지기 때문이다.

3D로 가는 모바일 플랫폼

새로운 정보 플랫폼으로써 눈부신 진화를 거듭하고 있는 휴대전화는 또 다른 차원의 플랫폼으로도 진화하고 있다. 미래 텔레비전의 진화한 모습을 짐작할 수 있는 3스크린(Screen)이 바로 그것이다. 미국 통신기업 AT&T가 처음으로 도입한 3스크린은 텔레비전을 중심으로 휴대전화와 PC, 3개의 스크린(화면)을 동시에 활용하는 기술이라는 의미로 언제 어디서든 똑같은 콘텐츠 서비스를 3개의 플랫폼으로 동시에 즐길 수 있다. 이는 최근 IT 업계의 화두로 부상한 '경험의 연결(Connected Experience)'을 실현하는 현상이기도 하다.

이렇게 되자 관련 기업들의 경쟁이 갈수록 치열해지고 있다. 물론 우리나라 기업도 예외는 아니다. SK텔레콤은 3스크린(TV+휴대전화+PC)으로 새로운 라이프스타일을 선도하겠다는 각오를 다지고 있으며, 삼성전자도 3스크린을 넘어 4스크린(TV+휴대전화+PC+홈매니저)으로의 진화를 꿈꾸고 있다. 통신 업체간, 제조업체간 경쟁이 아니라 이동통신 사업자와 텔레비전 제조사간의 서비스, 콘텐츠 경쟁으로 달아오르고 있는 것이다.

그뿐 아니라 업계는 앞으로 가정 내 통신 허브인 홈 서버(Home Server)가 등장하면 게임기, 가전, 보안기기, 가정 내 모든 가전기기 등 보다 다양한 기기가 연동될 것으로 전망하고 있다. 한마디로 N-스크린(Numerous Screen) 시대가 열리고 있는 셈이다.

세계의 통신 시장도 산업간, 상품간, 기술간 경계를 뛰어넘어 경쟁이 벌어지는 이른바, 초경쟁 상태로 진입하고 있기 때문에 서비스의 진화 방향을 예측하기가 어렵다. 이런 상태에서는 대개 적이 보이지 않는데 만약 적이 보인다면 이미 늦은 것이다.

한편 휴대전화는 입체 휴대전화인 3D 환경으로도 진화하고 있다. 삼성전자의 제트폰과 LG전자의 아레나폰이 대표적인 3D 휴대전화로 이들은 입체 화면뿐 아니라 터치스크린, 고화질 영상화면, 입체 음향 등의 기술과 융합해 3D를 제품에 구현하고 있다. 이는 입체 정보 전달 플랫폼의 시대가 시작되었다는 것을 의미한다.

이러한 3스크린, N-스크린, 3D 플랫폼 등 휴대전화 플랫폼의 진화는 타 분야에도 복합적으로 영향을 미치고 있다. 대표적으로 LG전자는 최근 입체 안경 없이 3D 그래픽을 즐길 수 있는 '3차원 입체 TV'를 공개했다. 이제 안방에서조차 별다른 도구 없이 총격전 장면 속의 총알, 자동차 추격 장면 속의 자동차 돌진 등이 시청자 눈앞에서 실제로 펼쳐지는 듯한 효과를 내게 된 것이다. 마찬가지로 게임 업계에도 3D 게임, 즉 리모컨이나 조이스틱 등의 도구 없이 사용자의 동작과 음성을 인식해 이용하는 가상현실 게임이 등장했다. N-스크린과 3D가 결합한 또 다른 복합 플랫폼이 등장하고 있다는 얘기다. 대체 어디까지 진화할 셈인지 자못 궁금하다.

4. 전 세계를 하나의 모바일 생태계로 만들어라

LG 비즈니스, 휴대전화 210개 나라 자동 로밍

글로벌화가 진전되면서 해외여행을 할 때 몹시 불편했던 것 중 하나가 국제 전화였다. 요금이 비싼 데다 통화를 하기가 쉽지 않았기 때문이다. 물론 지금의 젊은이들이 들으면 호랑이 담배 피던 시절의 이야기를 한다고 하겠지만, 내가 80년대 초에 중동에서 근무할 때만 해도 본사로 업무 통화를 하려면 임원 결재를 받아야 했다. 상황이 그랬던 터라 개인적인 통화를 마음대로 한다는 것은 상상할 수조차 없었다. 하긴 그 시절에는 팩스, 복사기, 휴대전화, 인터넷이 없었던 시절이니 그럴 수밖에 없었을 것이다. 더구나 통화 요금이 헉 소리가 나올 정도로 비쌌다.

그로부터 30여 년이 흐른 지금은 어떠한가? 사람들은

길을 가면서 통화하는 것은 물론 심지어 바로 옆에 있는 사람과도 문자로 메시지를 주고받는다. 또한 해외여행 중에 자신의 휴대전화로 국내에 전화를 하는가 하면 PC에서 문서를 꺼내 상사에게 보고한다. 그 짧은 기간에 그야말로 경천동지(驚天動地)할 만한 변화가 일어난 것이다.

나아가 최근에는 LG전자와 LG텔레콤이 전 세계 210개 나라에서 자동 로밍이 가능한 휴대전화를 출시했다. 그 기능을 보면 그야말로 PC가 부럽지 않을 정도이다. 우선 전 세계 210개 나라의 자동 로밍과 오즈 서비스(웹서핑·이메일·모바일 메신저), 모바일 프랭클린 플래너(일정 관리), 3개 국어(영어·일본어·중국어) 생활회화가 가능하다. 또한 문서 뷰어를 내장해 워드, 엑셀, 파워포인트, PDF 파일 등을 볼 수 있으며 아웃룩을 통한 이메일과 바이오리듬 확인 등 다채로운 기능을 적용했다.

그런가 하면 삼성전자는 국경을 넘으면 화면이 바뀌는 휴대전화를 개발해 EU에서 인기를 끌었다. 예를 들어 휴대전화를 소지한 사람이 프랑스에 들어가면 휴대전화 액정 화면에 개선문이 나타나고, 이탈리아에서는 피사의 사탑이, 네덜란드에서는 풍차가 나타난다. 국제 맞춤 서비스인 것이다.

이제는 전 세계 거의 모든 나라에서 자신이 쓰던 휴대전화로 동네나 회사에서처럼 통화도 하고 업무도 볼 수 있다. 이는 지구촌이 하나의 모바일 생태계로 변모하고 있음을 의미한다. 그러한 변화를 우리나라 기업들이 주도하고 있다는 사실이 자랑스럽지 않은가?

상황이 이렇다 보니 국제간의 원활한 휴대전화 로밍을 위한 움직임이 매우 다채롭다. 아시아에서는 국제 로밍 서비스 활성화를 위해 한국의 KT를 포함한 9개 나라 8개 주요 통신사가 모여 아시아·태평양 지역 모바일 연합체인 커넥서스(Conexus)를 결성했고, EU에서는 27개 회원국의 모티즌(Motizen)들을 위한 로밍 요금을 70퍼센트나 인하했다. 마침내 글로벌 모바일 생태계 형성을 위한 인프라가 갖춰지고 있는 셈이다. 이제 우리가 나서서 전 세계를 하나의 모바일 생태계로 만들어나가야 한다.

집단 지성을 활용하는 모바일 3.0 생태계

기존의 아날로그 경제법칙 중에 수확체감의 법칙(Diminishing Returns of Scale)이라는 것이 있다. 이것은 예를

들어 일정 크기의 토지에 노동력을 추가로 투입할 때, 수확량 증가가 노동력 증가를 따라가지 못하는 현상을 말한다. 이 개념을 제조 분야에 적용하면 제품을 더 많이 생산하기 위해 드는 단위당 비용이 점차 증가하는 현상을 의미한다.

그러나 재화를 소비하는 데 거의 한도가 없고 추가 재화를 생산하는 데 비용이 들지 않아 무한 생산이 가능한 경제 체제에서는 수확체증의 법칙(Increasing Returns of Scale)이 작동된다. 이는 수확체감의 법칙에 대응하는 개념으로 어떤 기업이 생산설비를 갖추고 생산을 시작해 일정 규모의 생산을 초과하면 비용이 점차 줄어들고 오히려 수익이 커지는 현상을 말한다. 수확체증의 법칙은 주로 지식집약형 산업에서 발생하는데 그 이유는 높은 신제품 개발비용, 네트워크 효과, 소비자 습성 등의 특징 때문이다.

이와 관련해 최초로 신경제론 논문을 발표한 스탠퍼드 대학의 브라이언 아서(W. Brian Arthur) 교수는 구경제와 신경제를 지배하는 경제법칙이 다르다고 주장한다. 구경제는 수확체감의 법칙이 적용되는 데 비해 지식기반의 신경제는 수확체증의 법칙이 적용된다는 것이다.

여기에서 이처럼 까다로운 경제법칙과 이론을 거론하는데는 그만한 이유가 있다. 왜냐하면 지금 막 형성되고 있는 글로벌 모바일 생태계에 수확체증의 법칙이 작동하면서 그 확산 속도나 국경을 초월해 진화하는 형태가 매우 놀랍기 때문이다. 또한 모바일 생태계에 대한 독자들의 이해를 돕기 위해서이다.

모바일 생태계의 이러한 속성과 법칙에 따라 최근에는 한정된 자원을 여러 사람이 공유하면 개인의 이익은 줄어드는 전통적인 경제학적 통념에 반해, 나눌수록 이익이 커지는 현상이 발생하고 있다. 예를 들어 현재 인터넷상에서 소셜 네트워킹을 연결해 주는 오픈 소셜(Open Social: S/W 개발자들이 소셜 네트워킹 서비스 기능을 개발해 어느 사이트에나 손쉽게 추가할 수 있도록 하는 공동 플랫폼) 바람이 모바일 분야에도 불고 있다.

사실 모바일 업계는 그동안 통신 업체별로 각기 다른 플랫폼을 사용하는 폐쇄적 환경에 놓여 있었던 터라 기술 및 서비스 혁신이 지체되고 있다는 비판을 받아왔다. 그러다가 구글이 안드로이드라는 완전 개방형 모바일 플랫폼을 만들어 누구나 마음대로 휴대전화 애플리케이션을 만들 수 있도록 서비스를 제공하면서 변화가 일어났다. 이는 모바일 집단 지성의 활용이자 모바일 위키노믹스의 출현이다.

각기 다른 바탕의 플랫폼으로 각각의 애플리케이션을

개발해야 했던 모바일 업계로서는 무료로 제공되는 플랫폼이 무척 반가웠을 것이다. 이것은 마치 세계의 언어가 영어로 통일된 것과 마찬가지다. 이에 따라 사용자들은 결국 혁신적인 휴대전화를 보다 저렴한 가격에 살 수 있게 되었다.

앞으로 휴대전화는 구글 안드로이드 소프트웨어를 탑재한 스마트폰이 대세가 될 전망이다. 삼성전자, LG전자, 모토로라 등 세계적인 휴대전화 업체들이 대부분 안드로이드폰을 출시하고 있기 때문이다.

여기서 특히 주목해야 할 점은 안드로이드폰의 등장은 본격적인 소프트웨어폰의 등장을 예고한다는 사실이다. 음성에서 문자, 문서, 동영상, 콘텐츠에 이어 소프트웨어까지 전세계 어디에서나, 누구나 무료로 활용이 가능한 모바일 집단 지성 생태계이자 개인별로 맞춤 활용이 가능한 글로벌 모바일 3.0 생태계가 탄생하고 있는 것이다.

제 **4** 장

이제
통신 시장도 빅뱅이다

이제 통신 시장도 빅뱅이다

1. 우리도 통신 기술료를 받는다

앞에서 우리가 개발한 초고속 무선 인터넷 서비스인 와이브로가 국제 표준이 되었고, 그것이 해외 시장에 수출되면서 이제 우리도 기술료를 받게 되었다는 사실을 얘기했다. 하지만 우리는 원천기술 보유 업체인 퀄컴에게 5조 원이 넘는 기술료를 바쳐야 했던 기술 없는 설움도 맛보았다. 최근에도 우리는 최초의 인공위성인 나로호 발사에서 원천기술이 없는 관계로 러시아의 사정에 따라 수차례 발사가 연기되는 등의 설움을 겪었다. 이는 과학기술 연구와 원천기술 확보가 국가 경쟁력과 미래를 위해 얼마나 중요한가를 보여주는 대표적인 사례라고 할 수 있다.

와이브로 외에 우리가 외국으로부터 통신 기술료를 받을 수 있는 미래의 먹을거리는 또 있다. 그것은 바로 디지

털 멀티미디어 방송인 DMB(Digital Multimedia Broadcasting)
이다. 2005년 12월부터 세계 최초로 수도권 지역을 대상
으로 본 방송을 시작한 DMB는 초고속 인터넷으로부터
인터넷 서비스를, 이동통신으로부터 이동성을, 방송으로
부터 멀티미디어 콘텐츠를 제공받아 이동하면서도 고속으
로 인터넷을 통해 방송을 청취할 수 있는 새로운 기술이
다. 이것은 통신, 방송, 인터넷 융합 시대의 주역으로 우리
의 또 다른 차세대 먹을거리로 부상하고 있다.

DMB가 앞으로 전 세계에서 기술료를 벌어들일 거라고
예측할 수 있는 근거는 충분하다. 우선 민관이 하나가 되어
노력한 결과, 지상파 DMB는 이미 세계적인 표준화 단체
인 유럽전기통신표준협회로부터 이동 TV 방송 표준으로
채택되었다. 그뿐 아니라 독일, 영국, 프랑스는 물론 중국,
멕시코, 인도 등에도 진출했다. 특히 우리의 DMB는
2006년의 독일 월드컵과 2008년의 중국 올림픽 등 국제
적인 스포츠 행사를 통해 전 세계로 홍보되었다.

이에 더해 최근에는 유럽으로부터 금상첨화격인 낭보
가 날아들었다. 우리와 FTA를 체결한 EU가 그동안
DMB폰을 TV(관세 14퍼센트)로 간주해 온 것을 철회하고 휴
대전화(관세 0퍼센트)로 받아들이기로 했던 것이다. 더불어

우리가 DMB폰을 수출하면서 부당하게 납부한 관세 130 억원도 돌려주겠다고 알려왔다.

민관이 똘똘 뭉쳐 노력한 성과는 미국에서도 나타나고 있다. 전미방송사협회(NAB)와 미국 모바일방송연합(OMVC) 이 수도인 워싱턴D.C.를 기점으로 한국의 지상파 DMB인 모바일 디지털 TV(DTV)를 시작한다고 밝힌 것이다. 이 모바일 DTV는 삼성전자와 LG전자가 공동 개발한 모바일 TV 기술을 표준 규격으로 삼을 예정이라 상당 규모의 로열티 수입까지 예상된다. 그러므로 우리는 DMB가 해외 시장에서 무럭무럭 자라 달러를 벌어들일 수 있도록 힘을 합쳐 노력해야 한다.

이러한 기대는 이미 현실로 다가오고 있다. 삼성전자, LG전자, 엔씨소프트 등 한국의 IT 기업들이 와이브로나 DMB뿐 아니라 다른 분야에서도 원천기술을 개발해 글로벌 시장에서 상당액의 기술료(로열티)를 벌어들이고 있는 것이다. 특히 삼성전자와 LG전자는 텔레비전 및 홈 네트워크 기술 등을 통해서도 로열티 수입을 올리고 있다. 삼성전자는 영상 압축 기술과 3세대 및 4세대 이동통신, 홈 네트워크 기술의 원천기술을 확보해 각 제품에 상용화한 데 이어 수출도 해서 많은 로열티를 벌어들이고 있다. LG전자도 미국 자회사 제니스를 통해 2008년에 9,000만 달러의 로열티 수입을 거둔 데 이어 2009년에는 1억 달러 이상의 로열티 수입을 올릴 것으로 예상하고 있다.

그렇다고 대기업만 로열티를 받는 것은 아니다. 이노와 이어리스라는 중소기업도 당당히 미국에 기술을 수출하고 로열티를 받고 있다. 단말기 계측 장비(휴대전화의 품질 측정)를 수출하는 이 기업은 세계 최고 수준의 휴대전화 품질 측정 기술을 수출해 연간 40억 원 이상의 로열티 수입을 올린다고 한다. 기술 수입에만 의존하던 우리가 어느덧 다음과 같이 기술 수출로 돈을 버는 나라가 되고 있어서 흐뭇하기 그지없다.

〈표 4-1〉 해외에서 로열티를 받는 한국의 IT 분야

출처: 〈매일경제〉 2009. 4. 23.

기업	대상 국가	주요 기술
LG전자(제니스)	미국	미국 디지털 TV 규격 특허
삼성전자, LG전자	미국	미국 모바일 디지털 TV 규격 특허
삼성전자	글로벌	모바일 와이맥스(와이브로)
삼성전자	글로벌	영상 압축 기술(MPEG 2, 4, 7), 3G · 4G 이동통신, 홈 네트워크
엔씨소프트	중국	온라인 게임(아이온)

2. 휴대전화에 이어
   모바일 기술도 수출한다

이제 통신 서비스뿐 아니라 기타 모바일 기술과 유관 기술 수출에 대해서도 알아보자. 그래야만 '모바일 분야 전반의 해외진출 현황을 파악할 수 있기 때문이다.

먼저 국내의 이동전화 번호이동 시스템이 해외 시장에 수출되고 있다. 통신 사업자들이 세계 최고 수준의 기술력을 바탕으로 번호이동 시스템 신규 도입 국가를 공략하고 있는 것이다. 특히 최근에는 태국, 인도네시아, 베트남 등 동남아 국가에 이동전화 번호이동 시스템 수출을 추진하고 있을 뿐 아니라 인도, 에콰도르, 페루의 번호이동 시스템 사업자 선정 경쟁에도 뛰어들었다.

우리나라 이동전화 번호이동 시스템의 앞선 기술은 세계적으로 인정받고 있는데, 이는 지난 2004년에 도입되어 현재까지 3,500만 건 이상의 번호이동이 이뤄지면서 경험과 노하우, 기술이 축적되었기 때문이다. 현재 유럽 대부분의 국가와 미국, 홍콩 등이 이동전화 번호이동 시스템을 갖추고 있지만, 전산 시스템이 완벽하게 구축되어 실시간 번호이동이 가능한 곳은 우리나라와 일본뿐이다. 재미있는 사실은 일본의 번호이동이 2시간이나 걸리는 데 비해 우리나라는 10여 분이면 절차가 완료된다는 것이다. 우리의 빨리빨리 문화가 디지털에 이어 모바일 분야에서도 빛을 발하고 있는 셈이다.

또한 휴대전화 문자 채팅에 관한 국산 기술도 해외 이동통신 서비스로 확산될 전망이다. KT는 스페인 최대 통신업체인 텔레포니카와 문자 채팅(Message Talk) 솔루션을 공동 개발해 유럽 방식 이동통신(GSM) 협회의 공식 승인을 받았다. 2006년에 문자 채팅을 세계 최초로 상용화한 한국이 이를 좀 더 발전시킨 솔루션을 내놓아 인정을 받은 것이다.

아시아 모바일 연합체인 커넥서스의 회원사들도 이 문자 채팅 글로벌 서비스에 참여 의사를 밝혔는데, 커넥서스가 보유한 가입자는 모두 2억 1,000만 명에 달한다. 통신사업자들은 바로 이러한 황금시장을 잡아야 한다.

이어 모바일 애플리케이션 및 콘텐츠도 해외에 진출하고 있다. 최근 삼성전자는 영국에서 소프트웨어 개발자 사이트를 개설하는 한편, 애플리케이션 스토어와 고화질 영화 다운로드 서비스도 시작했다. 이외에도 음악 서비스, 3D 보행자 맵 지원 내비게이션 등 다양한 모바일 서비스를 선보이고 있는데 이러한 모바일 콘텐츠, 솔루션 진출 전략이 휴대전화 수출 증가로 이어지는 등 선순환 부메랑 효과를 내고 있어 주목을 받고 있다.

그런가 하면 국내에 이미 보편화한 모바일 청구서 서비스가 중국 항공사에 전파될 전망이다. 실제로 LG CNS는 국내에 서비스 중인 모바일 청구서 서비스를 중국 최대 국영 항공사인 에어차이나에 수출하기로 했다. 모바일 청구서 서비스란 우편이나 e-메일로 받아 보던 신용카드 및 이동통신 요금 청구서를 휴대전화로 받는 서비스를 말한다. 이로써 에어차이나는 중국 내 최초로 휴대전화 단말기를 통해 고지서와 콘텐츠 등 각종 정보를 담은 전자 문서를 800만 명 회원에게 제공하게 된다. 이 서비스를 이용하면 고지서 우편 발송 비용을 20퍼센트 정도 절감할 수 있을 뿐 아니라 모바일 항공기 탑승권 관리, 고객우대제도와 연계한 티켓 및 면세품 판매 등 다양한 서비스를 추가로 제공할 수 있는 기반을 마련할 수 있다.

이처럼 우리의 다양한 모바일 기반 서비스 및 기술, 콘텐츠와 소프트웨어, 비즈니스 모델들은 휴대전화라는 하드웨어와 함께 해외 시장을 개척하고 있다. 이는 네트워크 마케팅 통신 사업자에게는 절호의 기회라고 할 수 있다. 왜냐하면 해외에서의 취급 아이템에 대한 시장을 통신 사업자들이 미리 개척해 주고 있기 때문이다. 이제 잘 차려 놓은 그 밥상에 숟가락만 하나 더 얹으면 된다. 그들과 함께 해외로 나가기만 하면 되는 것이다. 부탁하건대 이런 호기를 놓치지 않길 바란다.

3. 모바일 서비스 시장,
1조 달러가 넘는다

3,000억 달러 휴대전화 시장

세계의 이동통신 시장 규모는 대체 얼마나 될까? 이를 구체적으로 파악할 수 있다면 통신 시장 빅뱅의 규모와 해외에서의 사업기회 크기도 알 수 있을 것이다. 물론 정확한 통계를 뽑아내긴 어렵겠지만, 휴대전화라는 하드웨어 시장과 이를 활용하는 모바일 서비스로 시장 규모를 나눠 생각하면 그 크기를 가늠할 수 있지 않을까?

먼저 휴대전화의 하드웨어 시장부터 알아보자. 반도체, 고성능 통신기기 및 서비스 전문 조사기관인 미국의 In-Stat에서 휴대전화 시장에 대해 정리한 보고서 〈The Big Trends For Cell Phones, 2006-2011〉에 따르면 현재 휴대전화 시장은 3,000억 달러를 웃도는 규모라고 한다.

또한 일본의 시장조사 전문 업체인 ROA Group이 발표한 〈2009년 글로벌 휴대전화 시장 전망〉에 따르면 2009년 휴대전화 시장 규모는 2008년보다 약간 위축된 약 11억 5,000만 대로 추정된다. 세계적인 휴대전화 제조업체 노키아는 2009년 2/4분기 시장 규모를 2억 6,800만 대로 발표한 바 있다. 물론 이러한 수치는 누적 개념이 아니라 그해의 휴대전화 판매 시장을 말한다.

이러한 세계 휴대전화 시장에서 우리나라 기업인 삼성전자와 LG전자가 노키아와 더불어 3강 체제를 구축했다는 것은 대단히 자랑스러운 일이다. 더욱 놀라운 것은 삼성과 LG의 시장점유율이 세계 시장의 30퍼센트를 돌파했다는 사실이다. 이제 세계 휴대전화 3대 중 1대는 한국산이고 5대 중 1대는 애니콜이다. 이러한 3강 체제가 구축되면서 한국 휴대전화의 적수로 남은 기업은 노키아와 애플 정도뿐이다. 이러한 선전에 힘입어 미국 휴대전화의 절반은 한국산이고 프랑스 휴대전화도 2대 중 1대가 한국산이다.

그뿐 아니라 우리 기업이 신제품을 만들기만 하면 생산하기도 전에 선주문이 빌려들고 있다. 우리의 기업들이 만든 울트라터치폰은 선주문만 180만 대가 들어왔고 LG전자의 아레나폰은 100만 대, 삼성전자의 제트폰은 200만 대가 넘는 선주문을 받았다. 이러한 결과가 특히 자랑스러운 이유는 기존의 휴대전화 강자인 노키아와 소니에릭슨, 모토로라 등의 매출의 격감하는 가운데 세운 기록이기 때문이다. 더욱 기쁜 사실은 우리의 휴대전화 제조업체들의 선전이 고스란히 모바일 서비스 분야로 확산되고 있다는 점이다.

2012년, 세계 이동통신 서비스 1조 달러 돌파

모바일 서비스 분야의 세계 시장 규모는 어느 정도일까? 2012년이 되면 전 세계 이동통신 서비스 매출액이 1조 달러(약 1,044조 원)에 이를 전망이라고 한다. 시장조사 전문 업체인 오범(Ovum)은 2012년에 전 세계 이동통신 가입자 수가 49억 900만 명에 이르고, 시장 규모는 1조 190억 달러에 달할 것이라는 예측 보고서를 냈다. 그 분석 내용의 일부를 살펴보자.

"애초에 모바일 서비스는 신흥시장이 그 성장을 주도하는 가운데, 2012년이면 중국과 인도가 전체의 31퍼센트

를 차지하면서 세계 최대 단일시장으로 떠오를 것으로 전
망되었다. 하지만 여전히 중국의 이동통신 보급률은 64
퍼센트, 인도는 55퍼센트에 불과해 시장 성장의 여지는
충분하다.”

특히 최근에 우리나라와 FTA 협정인 CEPA(Comprehensive
Economic Partnership Agreement, 포괄적 경제 동반자 협정)를 체결
한 인도는 한 달에 1,000만 명씩 휴대전화 가입자가 증가
하면서 성장 속도에서 중국을 추월했다. 인도는 인구 12
억 명 중 중산층이 3억 명이고 구매력 평가 기준 세계 4위
시장으로 평균 연령이 스물네 살인 젊은 시장이다. 여기에
다 알아주는 IT 강국이다. 따라서 휴대전화 및 이를 활용
하는 모바일 서비스, 콘텐츠, S/W 등의 황금시장이라고
할 수 있다. 그런 시장이 우리와 FTA를 체결해 문을 열었
으니 우리 기업에게는 좋은 기회가 다가온 셈이다.

또한 전 세계 주요 이동통신 사업자들이 침체된 경제를
살리기 위해 투자 확대 정책을 펼치는 것도 통신 사업자들
에게 좋은 기회가 될 수 있다. 최근 영국 런던에서 열린
G20 정상회담에서 세계 이동통신 사업자 연합(GSMA)은
향후 5년간 무선 광대역 통신망 구축 등에 총 5,500억 달
러(738조 9,250억 원)를 투자할 용의가 있다는 내용의 공동성

명을 발표했다. 이 성명에 참여한 사업자는 노키아, 에릭슨, NTT도코모 등 25개 세계 주요 통신회사로 이 같은 대규모 투자를 통해 전 세계적으로 총 2,500만 개의 일자리가 창출될 것이라고 전망했다. 한마디로 또 다른 거대한 시장이 다가오고 있는 것이다.

그러나 가만히 있어도 그 거대한 시장이 내게로 다가오는 것은 아니다. 그 시장을 내 것으로 만들려면 먼저 내가 준비되어 있어야 한다.

우리는 2012년 1조 달러에 이르는 거대한 모바일 서비스 시장과 3,000억 달러가 넘는 휴대폰 시장, 그리고 향후 5년간 5,500억 달러가 투자되는 엄청난 시장을 눈앞에 두고 있다. 여기에다 한국은 2012년경 약 30개의 FTA로 70여 개 나라의 50억 명 시장과 FTA를 체결할 전망이다. 이는 곧 FTA의 바탕 위에 약 2,000조 원이 넘는 거대한 모바일 시장이 형성된다는 것을 의미한다.

이 거대한 시장에 진출하려면 FTA를 학습하고 시장조사를 하는 것은 물론 지역 전문가 양성, 마케팅 전략 수립, 사내 시스템 개선, e-Trade 도입, e-Learning 실시 등으로 사전 준비를 해야 한다. 그야말로 글로벌화를 위해 전력 질주해야 하는 것이다.

　다시 한 번 강조하지만 지금처럼 국내 대리점 모델에 안주해 휴대전화 판매 수수료와 유무선 통신비를 수익 모델로 하면서 좁은 국내 시장을 나눠먹는 경쟁을 하다가는 어느 날 갑자기 아무도 모르게 사라질 수도 있다. 이것은 결코 협박이 아니다. 이와 관련해 삼성전자의 한 고위 관계자는 얼마 전에 "앞으로 중견기업이나 벤처기업은 휴대전화 사업을 계속하기 힘들 것"이라고 말하기도 했다. 이는 상당히 근거가 있는 말이다. 이미 글로벌 대기업인 독일의 지멘스, 프랑스의 샤젬마저 퇴출되거나 퇴출 직전에 내몰릴 정도로 시장이 어렵기 때문에 앞으로 극소수 대기업으로 시장이 재편될 가능성이 큰 것이다. 소수의 글로벌 기업이 시장을 장악하는 글로벌 과점화 현상이 심화하고 있다는 얘기다.

　이러한 승자독식 시장에서는 당연히 20:80의 파레토 법칙이 퇴장하고 1:99의 법칙이 작용한다. 향후 FTA의 확산으로 우리 사회에 글로벌화가 진전될수록 국내 시장 역시 이런 현상이 두드러질 것이다. 21세기에는 약한 자는 사라지고 강한 자만 살아남게 된다. 여기서 말하는 강한 자란 힘이 센 자가 아니라 변화에 빠르게 적응해 글로벌 전쟁에서 살아남는 사람 및 사업체를 의미한다.

4. 세계 어디서든 휴대전화로 무역 결제를 한다

모바일 지갑, M-서비스 시장 개화

요즘에는 모바일 서비스 중에서도 모바일 지갑(wallet phone)이 뜨고 있는데, 이것은 앞서 간략히 소개한 단순 모바일 뱅킹에 비해 한층 진화한 형태이다. 이는 범용 가입자 인증모듈(USIM)에 현금을 충전해 온·오프라인에서 이용하는 것으로, 이를 이용하는 국내 이동통신 가입자가 이미 100만 명이 넘는 현실로 볼 때, 가히 모바일 지갑 시대가 열리고 있다고 할 수 있다. 휴대전화 USIM에 현금 충전과 신용카드 내장 등이 가능해지면서 사실상 휴대전화 하나로 모든 결제를 할 수 있게 된 것이다.

이제는 모바일 머니로 대중교통이나 편의점, PC방을 이용하는 것은 물론, 각종 쇼핑몰에서 결제가 가능하며 신용카드와 멤버십카드까지 휴대전화에 내장할 수 있게 되면서 따로 지갑을 들고 다닐 필요가 없게 되었다. 특히 기존의 모바일 금융 서비스는 잔액조회, 계좌이체 등 뱅킹 서비스에 집중되어 있었지만 최근에는 현금처럼 사용하는 것을 비롯해 신용카드, 학생증, 멤버십카드까지 내장할 수 있어 더욱 편리해졌다. 이에 따라 지하철·버스·택시 등의 교통수단이나 전국 대부분의 편의점, 교보문고·롯데월드 등의 생활문화 서비스를 받을 때, 혹은 주차장·문화재 관람 등을 할 때 모바일 머니로 결제할 수 있다. 그뿐 아니라 온라인 싸이월드, G마켓, 11번가, 엠넷, 오디오닷컴 등 온라인 결제에까지 광범위하게 사용할 수 있다.

최근에 삼성카드는 영화관, 패밀리레스토랑, 대형서점 등에서 현금처럼 사용할 수 있는 휴대전화 상품권인 '삼성 모바일 기프트카드'를 출시했는데, 이것은 휴대전화를 통해 편리하게 구입하고 구입 즉시 남에게 선물할 수 있는 신개념 모바일 상품권이다. 지금까지 휴대전화 상품권은 대개 특정 물건과 1 대 1로 교환하는 용도로 제한되었지만, 삼성 모바일 기프트카드는 여러 제휴 가맹점에서 현금과 똑같이 쓸 수 있다.

또한 지하철에서 휴대전화 DMB로 드라마를 보다가 모

탤런트가 입은 옷이 유난히 마음에 들 경우, 휴대전화 화면에 손가락을 갖다 대기만 해도 가격과 상품 정보가 담긴 정보창이 DMB 화면 한쪽에 뜬다. 심지어 화면을 한두 차례 터치해 즉석에서 상품을 살 수도 있다. 친구를 만나고 한밤중에 집으로 돌아올 때 택시에 설치된 단말기에 휴대전화를 갖다 대면 요금이 결제되는 동시에 하차 시각과 위치가 가족의 휴대전화로 자동 전송되는 기능도 있다.

한편 하나카드와 SK텔레콤의 합작이 가시화하면서 국내 카드 업계에 신종 카드사가 등장하는 등 통신과 신용카드를 결합한 혁신적인 융합 서비스도 가능해질 전망이다. 카드와 통신이 결합하면 휴대전화 위성 위치 확인 장치(GPS) 기능과 카드사의 고객 정보를 결합한 가맹점 자동 안내 서비스가 가능해진다. 할인 혜택이 있는 커피전문점, 음식점 등의 지도와 함께 할인 쿠폰을 문자 메시지로 전송해 줄 수도 있다.

이러한 최첨단 기능에 최근 우리 사회를 불안에 떨게 한 DDoS 공격 이후 인터넷 뱅킹에 불안을 느낀 소비자들이 모바일 뱅킹을 활용하면서 모바일 지갑 시대는 더욱 탄력을 받고 있다. 이제는 할인점 계산대에서 소비자들이 신용카드 대신 휴대전화로 결제하는 모습이 낯설지 않다. 휴대전화 결제가 가능한 업소가 전국에 8만 여 곳에 이르고, 모바일 결제 시스템을 탑재할 수 있는 휴대전화가 1,200만 대나 보급됐기 때문이다. 이제 모바일 지갑을 모르면 시대에 뒤처진 사람이 되기 십상이다.

국제 무역도 휴대전화로

전 세계적으로 볼 때 휴대전화를 이용한 모바일 결제 시스템은 아직 걸음마 단계지만, 최근에 비자와 마스터카드 등 유명 외국 신용카드 회사가 휴대전화를 새로운 결제 수단으로 활용하면서 모바일 결제가 빠르게 확대될 전망이다. 카드업계는 휴대전화 결제가 활성화할 경우 소비자들의 기호와 거주 지역, 생활방식에 맞춘 '맞춤형 쿠폰'도 발행할 수 있을 것으로 예측하고 있다. 이러한 쿠폰이 문자 메시지나 그래픽 메시지로 전달되면 소비자는 그 쿠폰을 가게에서 계산할 때 보여주면 된다. 또한 비자 등 대형 신용카드 업체들은 휴대전화를 통해 은행에 예치한 돈을 송금할 수 있는 서비스도 개발 중이다.

2009년 미국 금융정책조사센터인 CGAP는 신흥 개도

국의 모바일 금융 서비스 시장이 현재는 초기 단계에 불과하지만, 2012년에는 50억 달러 시장으로 성장할 것으로 내다봤다. 특히 아프리카가 세계 모바일 뱅킹의 실험무대로 떠오르고 있다. 은행업과 유선 인터넷이 발달하지 않은 지역적 특성 때문에 이동통신사들이 모바일 뱅킹 서비스 경쟁에 나서고 있기 때문이다. 예를 들어 모바일 지갑 서비스가 활성화한 케냐의 수도 나이로비에서는 현금이 없어도 생활에 전혀 불편함이 없는 환경이 조성되고 있다. 심지어 커피 농장 주인들이 노동자의 임금을 휴대전화로 지급하는 경우도 있다고 한다.

이러한 모바일 금융의 세계적인 확산은 마침내 무역 결제도 휴대전화로 할 수 있는 시대를 열었다. 내가 ≪u-Trade 빅뱅≫에서 주장했던 u-Trade(e-Trade+FTA) 시대가 드디어 시작된 것이다. 얼마 전 스페인 바르셀로나에서 개최된 3GSM 월드 콩그레스(세계 이동통신 업계 국제회의 및 선시회)에서 우리나라의 KT(당시 KTF)는 세계 어디서든 휴대전화로 대금을 결제할 수 있는 '모바일 결제(M-payment) 프로젝트'를 발표해 앞으로 전개될 u-Trade 표준화의 주도권을 잡았다.

또한 우리나라 휴대전화 결제 업체인 다날은 한국, 미

국, 중국, 대만간에 휴대전화를 이용해 국가간 지급 결제를 할 수 있는 휴대전화 결제(IPN, International Payment Network) 시스템을 구축했는데, 이는 전 세계 모든 인터넷 사이트에서 자국 휴대전화만으로 온라인 구매가 가능하도록 설계한 서비스다. 이 회사는 이미 말레이시아에도 교두보를 확보해 전 세계의 휴대전화 결제 시장을 선점하려 노력하고 있다.

여기서 u-Trade를 처음 접하는 독자들을 위해 다시 한번 u-Trade가 확산될 수밖에 없는 이유를 사례를 들어 설명하도록 하겠다. 주부 A씨는 해외여행을 하다가 아주 마음에 드는 핸드백을 발견했다. 그때 그녀는 자신과 딸을 위해 두 개의 핸드백을 구입하고 휴대전화로 결제했다. 예전 같으면 달러로 사거나 카드로 결제를 했겠지만 요즘에는 카드가 휴대전화에 내장되어 있어 휴대전화로 결제를 한다. 더구나 휴대전화가 210개 나라에서 로밍이 되기 때문에 이전처럼 공항에서 로밍폰을 빌리지 않고, 국내에서 쓰던 내 휴대전화를 갖고 나가 사용하다가 그것으로 그냥 물건값을 치르면 된다.

그러다가 곰곰이 생각해 보니 값도 싸고 디자인도 좋아서 국내에 있는 지인들에게 선물할 생각으로 다소 무리가 갔지만 핸드백 100개를 샀다. 그중 일부는 돈을 받고 팔 생각이다. 그런데 인천공항으로 들어오면서 문제가 발생하고 말았다. 그 핸드백은 규정상 실수요량인 몇 개만 통관이 가능하고, 나머지는 일정액의 세금을 내야 통관이 가능하다며 공항 당국에 유치된 것이다. 제품에 따라 일정 수량 이상을 들여오면 그것은 상거래용 수입이지 여행자가 직접 쓰려고 구입한 것이 아니라고 보기 때문이다.

A씨는 당황스럽고 난감해 어찌할 바를 몰라 했는데 바로 그때 FTA라는 구세주가 등장했다. FTA가 체결된 국가의 상품은 산업과 항목에 따라 다르긴 하지만, 대개 관세가 철폐되므로 추가 부담 없이 일정 형식의 신고만 하면 통관이 되는 것이다. 이처럼 FTA는 유통과 무역의 장벽, 국내 시장과 글로벌 시장의 장벽을 허물어 주기 때문에 거대한 시장이 형성될 수 있다.

이런 상황에서 만약 A씨가 PC로 현지 쇼핑몰에 들어가 주문을 하고 국내로 배달을 요청했는데 그것이 일정 금액 이상이 된다면, 이는 국제간에 전자상거래가 이뤄진 것으로 인정되어 UN이 정한 국제 전자상거래 표준에 따라 이루어지는 전자무역(e-Trade)이 된다. 이때 A씨가 PC가 아닌 자신의 휴대전화로 결제를 했다면 그것은 u-Trade가

된다.

무역 수단이 PC 기반의 e-Trade를 넘어 휴대전화 등으로 다양화되는 것이 바로 u-Trade이기 때문이다. 그러나 아직은 국경을 통과할 때 관세를 내야한다. 이때 FTA가 나타나 관세를 없애주면 비로소 국내외 시장을 통합해주는 21세기 무역의 새로운 패러다임인 u-Trade가 탄생하게 된다. 결국 u-Trade는 유통(Commerce) + 무역(Trade) +인터넷(Internet) +모바일(Mobile)+자유무역협정(FTA)의 합작품인 셈이다. 이러니 무역이 확대되고 인터넷이 발전하며 FTA가 전 세계적으로 급속히 확산되면 u-Trade가 활성화하지 않고 배길 수 있겠는가? 더욱 고무적인 것은 그 엄청난 u-Trade의 미래를 우리나라가 주도한다는 사실이다. 우리의 기업들과 전문가들의 선전에 아낌없는 박수를 보내고 싶다.

나는 특히 5년 전에 e-Trade가 진화해 차세대 무역으로 u-Trade가 대두될 것임을 예측하고, 최초로 u-Trade라는 용어를 만들었기 때문인지 더욱더 기쁘다. 우리 기업이 국제간 무역을 하면서 간편하게 휴대전화로 결제하는 시대를 앞장서서 개척하고 있으니 얼마나 자랑스러운 일인가? 내가 여기서 한번 더 강조하고 싶은 것은 네트워크마케팅 업체와 휴대전화 결제 업체, 통신 서비스 업체가 제휴해 세계 시장에 진출한다면 탁월한 성과를 올릴 수 있을 거라는 점이다. 나는 업계에 이러한 결합을 강력히 추천하고 싶다.

5. FTA 시장이 당신을 기다린다

한국 무역의 90퍼센트 이상이 FTA 교역으로 이뤄진다

여기서 잠깐만 u-Trade를 탄생시킨 그 기특한 FTA와 모바일과의 관계를 좀 더 살펴보도록 하자. FTA란 무엇을 말하는 것일까? 그것은 국가간에 관세, 법률, 인허가, 기술 장벽 등의 무역 장벽을 없애고 시장을 통합하는 것을 의미한다. 따라서 일단 FTA가 성사되면 국내에서조차 외국 기업과 아무런 제약 조건 없이 경쟁해야 한다. 이러한 환경에서는 경쟁력 없는 기업이나 분야는 도태되고 경쟁력 있는 기업은 넓어진 시장에서 오히려 큰 기회를 잡게 된다. 이런 까닭에 FTA를 두고 21세기의 새로운 전쟁이라 부르는 것이다.

문제는 FTA 국가간 교역은 급속도로 늘어나는 반면 비

FTA 국가간 교역은 그만큼 줄어들고 있기 때문에 FTA 교역을 하지 못하는 나라는 급격히 줄어드는 비FTA 시장에서 살아가야 한다는 데 있다. FTA 국내 대책본부는 2008년 5월 전 세계 무역의 55퍼센트가 FTA 교역일 것으로 예측했는데, KOTRA는 2008년 말에 약 300개의 FTA가 발효되거나 협상 중이라 2010년 말이면 세계 무역의 60퍼센트가 FTA 교역일 것으로 예상하고 있다.

이제는 FTA가 세계 무역의 주류이자 블루오션이다. 이는 곧 무역 국가인 한국에게 FTA는 선택이 아닌 생존을 위한 필수요건이라는 것을 의미한다. 2009년 현재 세계 10위의 수출 국가이자 국가 경제의 90퍼센트 이상을 무역에 의존하고 있는 우리나라가 세계 무역 시장의 절반 이상을 포기하고, 더욱이 미래 수출 시장을 포기한 채 비FTA 시장에서 생존할 수 없음은 삼척동자도 알 것이다.

온갖 우여곡절을 겪긴 했지만 다행히 한·칠레 FTA가 성공작으로 나타나고 일본과 중국이 우리보다 앞서 FTA를 추진하면서 우리가 그들에게 세계 시장을 상실하게 되자, 국민들도 이제 FTA의 필요성을 인식하게 되었다. 이에 힘입은 정부는 그동안 뒤처진 FTA 경쟁력을 만회하고자 70여 개 나라와 동시 다발적으로 FTA를 추진하고 있다.

그런데 2008년 하반기에 미국에서 시작된 세계 경제 위기와 더불어 각국의 보호무역주의 강화는 오히려 한국의 FTA 추진에 힘을 실어주고 있다. 이에 대해 LG경제연구원은 최근의 세계적인 경제 위기로 인한 보호무역주의를 뚫을 수 있는 방안으로 동시 다발적인 FTA를 권유하는 보고서(2009. 2.)를 내놓기도 했다. 만약 현재와 같이 우리나라의 동시 다발적인 FTA 추진 정책이 예정대로 진행된다면 2012년 이후에는 약 30개의 FTA, 70여 개 나라의 50억 명 시장과 FTA가 체결될 전망이다. 좀 더 구체적으로 살펴보면 2011년경 미국, EU, 인도, 캐나다, GCC, 멕시코 등과 추가로 FTA가 발효된다면 FTA 교역 비중은 약 48퍼센트(2009. 3., 지식경제부)가 되고, 2020년이면 수출 85.5퍼센트, 수입 94.5퍼센트로 우리나라 무역의 90퍼센트 이상이 FTA 교역(2009. 4., 기획재정부)으로 이뤄질 것으로 예상된다. 여기에다 정부는 FTA 허브를 구축하기 위해 한·미 FTA, 한·아세안 FTA, 한·EU FTA, 한·인도 FTA에 이어 아시아 전 국가와 FTA 체결을 추진하고 있다. 그야말로 FTA 세상인 것이다.

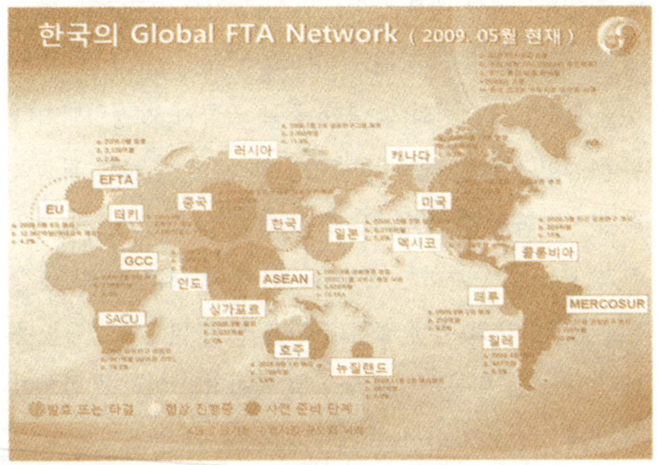

FTA 시장은 모바일 서비스 천국

이제 FTA는 우리에게 선택이 아닌 생존을 위한 필수요건이 되었다. 우리가 알든 모르든, 싫든 좋든 FTA는 우리의 장래를 좌우하는 주요 변수로 우리의 미래 생활 그 자체가 될 것이다. 그러므로 이제는 FTA를 알아야 한다. 먼저 아는 자가 FTA라는 블루오션을 차지하게 될 것이기 때문이다.

특히 FTA는 모바일 분야에 커다란 기회를 열어줄 것으로 보인다. 우선 대부분의 FTA 시장에서 휴대전화 수출이 증가할 것으로 예상된다. 정보통신 분야는 이미 대부분 무관세지만 휴대전화에 대한 품목 분류가 재정립되거나 부품 등이 무관세 혜택을 받으면 원가절감은 물론 경쟁력 자체가 강화될 수 있다. 앞에서도 소개한 바 있는 최근 우리가 EU에 수출하는 DMB폰의 품목 재분류로 연간 1,500억 원대의 관세 절감 효과를 보게 된 것이 그 좋은 사례다. 이는 비록 EU에 국한된 것이지만 이러한 현상이 전 세계 시장으로 확산된다면 그 효과는 대단할 것이다.

또한 FTA가 발효되면 통신 서비스 등 관련 서비스 시장 개방, 기술 장벽 완화, 인허가 상호 인정, 그리고 인적 교류 활성화가 일어난다. 그러면 전보다 훨씬 유리한 조건으로 각종 모바일 서비스를 FTA 시장에 제공할 수 있다. 경우에 따라서는 국내에서와 마찬가지의 조건으로 넓은 시장에 진출할 수도 있을 것이다. 예를 들어 u-Trade가 활성화하면 이 분야 표준을 주도하는 한국의 휴대전화 업체나 모바일 서비스 업체에게 솔루션, 시스템, 콘텐츠, 비즈니스 모델, 디바이스, 기술료 등 전 분야에 걸쳐 엄청난 기회가 다가올 것으로 예상된다.

이러한 기회를 잡는다면 퀄컴에게 설움을 당하던 시절은 깡그리 잊을 수 있다. 바로 이러한 기회를 누릴 수 있기 때문에 FTA를 적극 추진해야·하는 것이다. 모바일 황금 시장인 FTA 시장을 어떻게 공략해야 하는지는 뒤에서 살펴보겠다. 한마디로 FTA 시장은 모바일 분야의 천국이다. 그런 FTA 시장이 여러분을 기다리고 있다.

중요한 것은 FTA는 대비하면 약이 되지만 그렇지 못하면 독이 된다는 사실이다. 적극 대처하면 FTA 시장은 내 떡이 될 수 있으나 그렇지 않으면 남의 떡이다. 그것이 여러분에게 약이 되게 할 것인가, 독이 되게 할 것인가?

통신 빅뱅, **출구전략**을 찾아라!

휴대전화로 돈을 번다

CHAPTER 5

휴대전화로 돈을 벌다

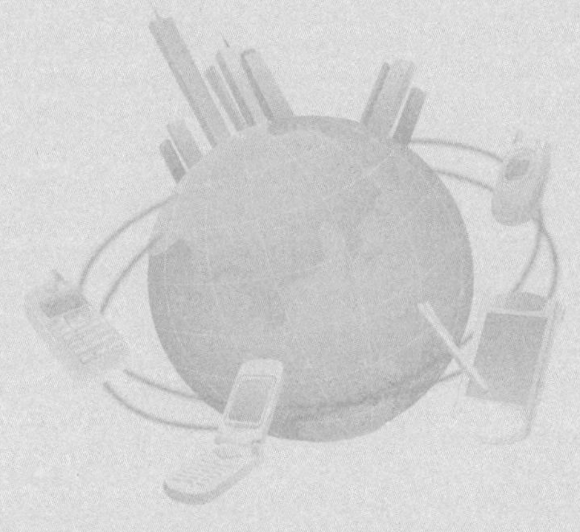

1. 가정의 통신 요금이
  매달 200만 원이 넘는다?

지금은 휴대전화 요금 전쟁 중

휴대전화가 진화할수록 또한 다양한 기능을 갖출수록 그 이면에서는 전쟁이 일어날 수밖에 없다. 이른바 휴대전화 요금 전쟁이다. 실제로 휴대전화 요금은 음성 통화 시절에는 월 2~3만 원 수준이었으나 문자 서비스와 데이터 서비스가 추가되면서 월 5만 원 수준이 되더니, 다양한 부가 서비스 기능이 추가된 요즈음에는 월 7~8만 원 수준이 보통이다. 결국 4인 가족의 경우 휴대전화 요금을 포함한 통신비용이 월 20~30만 원에 이르는 등 한 가정의 생활비 중에서 차지하는 지출 비중이 매우 높은 편이다.

이러한 현상은 앞으로 휴대전화에 다양한 부가 서비스가 더 많이 추가될수록 심화될 것이다. 어쩌면 통신비용이 지금보다 몇 배 더 늘어날 수도 있다. 이는 통신비가 가계에 큰 부담이 될 것임을 예고하지만 반대로 휴대전화 서비스 업자에게는 분명 황금시장임이 틀림없다.

특히 가정에서 오락, 쇼핑, 교통, 의료, 교육, 육아, 세금, 각종 요금, 홈 네트워크 등에 휴대전화를 활용하고 결제까지 하게 된다면 머지않아 각 가정의 휴대전화 요금은 5~10배 증가할 것으로 보인다. 실제로 2006년 5월부터 휴대전화로 양방향 화상통화가 가능해짐에 따라 휴대전화 비용은 폭발적으로 증가하고 있다.

초기 화상 통화 서비스 비용이 음성 통화료의 6배나 되는 것만 봐도 통신비가 상승하리라는 것은 충분히 짐작할 수 있다. 더구나 세계 각국에서 로밍 서비스가 가능해짐에 따라 국내 화상 통화 휴대전화를 해외로 갖고 나가 국내와 마찬가지로 이용할 수 있게 되었기 때문에 이래저래 휴대전화 비용은 늘어나게 되어 있다.

이러한 서비스가 본격화할 경우, 각 가정의 휴대전화 요금은 월 100~200만 원으로 증가할 것으로 보인다. 각종 비용, 요금, 수수료, 카드대금 등이 휴대전화 속으로 들어갔기 때문이다. 만약 사업을 하거나 업무를 볼 때 소요되는 비용은 물론 무역 결제 대금까지도 휴대전화로 하게 된

다면 휴대전화 요금은 가정용 요금과 비교할 수 없을 정도
로 커질 것이다. 월 200만 원이 아니라 수천만 원, 혹은
수억 원이 될 수도 있다.

　통신 시장이 어느 정도로 확대될 것인지는 상상을 불허
한다. 그것은 다음의 사례에서도 충분히 알 수 있다. 국내
이동통신 시장은 향후 50조원 이상으로 성장할 것이라고
한다. 그런데 2008년 현재 한국의 전자상거래 규모는
600조 원이 넘고 무역 규모는 8,500억 달러 정도이다. 이
러한 시장에서 휴대전화로 결제가 이뤄진다면 그 엄청난
규모의 휴대전화 요금과 파괴력을 어떻게 다 말로 설명할
수 있겠는가? 국내 화장품 시장이 4~5조 원이고 건강보
조식품이 2조 원이며 쌀 시장이 11조 원임을 감안한다면
앞으로 다가올 통신 시장의 영향력을 충분히 짐작할 수 있
을 것이다.

2. 아직도 휴대전화는
   돈 버는 도깨비 방망이일까?

휴대전화는 돈 버는 도깨비 방망이?

《유비쿼터스 시대의 허브, 휴대폰》이라는 책을 집필할 무렵, 나는 휴대전화가 돈 버는 도깨비 방망이가 될 거라고 전망했다. 과연 아직도 그럴까? 이 문제를 짚어보기에 앞서 흐름의 연결을 위해 당시의 내용을 잠깐 소개하고자 한다.

PC, 전화기, TV의 단말기를 비롯해 다른 많은 단말기의 기능을 통합한 휴대전화가 손안으로 쏙 들어왔다. 휴대전화가 메가 컨버전스 시대의 만능 허브로 화려하게 등장한 것이다. 이제 휴대전화로 못하는 것이 없을 정도다.

아직 이 메가 컨버전스는 시작에 불과하지만 그 시장의 크기를 예측하기는 불가능하다. 예를 들어 2005년에 우리나라 통신 시장은 유선과 무선을 합해 30조 원 내외로 알려졌다. 그러나 지금은 유선과 무선 통신 시장은 물론 통신과 금융이 융합하고 있고 여기에 DMB, 와이브로, 홈 네트워크 등이 가세하고 있기 때문에 IT 컨버전스로 창출되는 산업의 크기가 엄청나다. 여기에 다른 분야 컨버전스까지 포함한 메가 컨버전스 시장이 펼쳐지고 있는 상황이라 그 크기가 얼마나 막대할지 가늠하기조차 힘들다.

이 중에서 휴대전화가 단말기로 사용될 수 있는 IT 기반 컨버전스만 해도 그 시장 규모가 30조 원 통신 시장의 족히 몇 십 배는 될 것으로 예상된다. 만약 이 거대한 메가 컨버전스 시대의 모든 비용을 휴대전화로 결제한다면 어떻게 될까? 물론 그것은 불가능할 수도 있고, 또한 아직은 예상 수준이지만 분위기는 이미 감지되고 있다. 그런 일이 일어난다면 이것은 통신 시장에서 또 다른 대폭발을 일으킬 것이므로 통신 사업을 하는 개인이나 기업은 모두 이에 대비해야 한다.

이제 거대해지는 통신 시장에서 돈을 버는 방법을 알아보자. 우리가 일상생활을 하면서 지출하는 비용에는 교육비, 학원비, 저축, 보험료 등의 투자성 경비나 보장성 경비도 있고 식사비, 영화 감상비, 통신비처럼 소모성 경비도 있다. 그중에서 이동통신 비용은 매우 비중이 큰 소모성 비용에 속한다. 물론 앞으로 사업이나 업무, 마케팅 용도로 사용하며 매달 지출하게 될 막대한 휴대전화 요금도 결국 소모성 비용이다.

그런데 소비자의 입장에서 매달 버려지는 것으로 보이는 이 소모성 비용으로 돈을 벌 수 있다는 사실을 아는가? 그것은 휴대전화 요금을 내면서 휴대전화로 돈을 벌 수 있는 방법을 말한다. 만약 이것이 사실이라면 휴대전화는 서민들이 돈을 벌 수 있도록 해주는 도깨비 방망이임이 틀림없다. 요즘 세상에 휴대전화를 갖고 있지 않은 사람이 얼마나 되는가?

그러면 일반 서민이 어떻게 하면 휴대전화를 이용해 돈을 벌 수 있는지 그 방법을 알아보자.

온라인 이동통신 대리점을 차려라

엄청난 통신비가 단순히 소모성 비용으로 사라져 버리면 개인이나 가계에 큰 부담이 될 수밖에 없지만, 반대로 이동통신 서비스 사업자에게는 그것이 큰 돈벌이가 된다. 또한 이동통신 사업 대리점도 덩달아 큰 돈을 벌게 된다.

실제로 생면부지의 이동통신 대리점이 우리가 매달 내는 이동통신 요금의 7퍼센트 정도를 챙기고 있기 때문에 우리가 통신료를 많이 내면 낼수록 그들의 주머니는 두둑해진다.

그렇다면 일반 서민도 이동통신 사업자가 되거나 이동통신 대리점을 차리면 돈을 벌 수 있지 않을까? 물론이다. 하지만 이동통신 사업자가 되려면 수천억 원의 자금이 필요하므로 차라리 이동통신 대리점을 개설하는 것이 낫다. 그러면 이제까지 이동통신 대리점이 가져가던 자신과 가족의 통신료 7퍼센트를 절감할 수 있을 뿐 아니라 사업을 해서 돈도 벌 수 있다.

그러나 일반적인 이동통신 대리점을 차리려면 수억 원에서 많게는 수십억 원의 자금이 필요하므로 일반 서민에게는 그림의 떡일 수밖에 없다. 만약 힘없고 돈 없는 서민이 아무런 비용 부담 없이 이동통신 대리점을 개설할 수 있다면 어떨까? 비용 투자 없이 대리점을 개설해 자신과 가족의 휴대전화 요금 중에서 기존 대리점 몫의 2배 이상이나 되는 통신료를 되돌려 받는다면 그것만 해도 재미가 쏠쏠하지 않을까? 나아가 가족이나 친지 등 주변의 다른 사람에게 이동통신 요금을 절약하는 동시에 자신이 사용한 통신 요금에서 일정 비율의 통신료를 되돌려 받을 수 있는 정보를 제공한 대가로 보상까지 받는다면 분명 많은 돈을 벌 수 있을 것이다. 왜냐하면 모바일 서비스, 유비쿼터스 서비스, FTA 시장이 확대되어 통신비용이 계속 늘어날 경우, 정보를 원하는 사람은 더욱 늘어날 것이고 그럴수록 보다 많은 보상을 받을 수 있기 때문이다.

그런데 일반적인 이동통신 대리점을 개설하는 데 최소한 3억 원 이상의 자금이 필요하고 장소가 좋아야 하며 절차도 복잡하다는데 어떻게 아무런 비용도 들이지 않고 대리점을 개설할 수 있단 말인가? 그런 것이 가능하다면 누구나 대리점을 개설하려 할 것이다. 여기에다 경험이 없어도 가능하고 위험요소가 없으며 죽을 때까지 대리점 사업을 할 수 있다면 관심을 보이지 않을 사람이 있을까? 과연 그런 사업이 존재하긴 하는 걸까? 물론 상식적으로 보면 말이 되지 않는다.

이제 상식을 과감하게 깨뜨릴 준비를 하라. 분명 그런 사업이 존재한다. 발상의 전환만 이룬다면 방법은 의외로 간단하다.

개인이 무자본으로 이동통신 대리점을 개설하는 것은 어려운 일이지만 이동통신 소비자 동아리, 즉 소비자 네트워크에 회원으로 가입하면 얘기는 달라진다. 소비자 동아리의 뭉친 힘으로 이동통신 회사와 협상해 각자 개인 대리점을 개설할 수 있기 때문이다. 더구나 인터넷을 활용해 전자공간에 무점포로 이동통신 대리점을 개설하는 것이므로 비용이 전혀 들지 않는다. 한마디로 온라인 통신 대리점을 여는 것이다.

그것이 바로 돈 한 푼 들이지 않고 휴대전화 요금으로 돈을 벌 수 있는 길이다. 신기하지 않은가? 이는 마치 아파트 부녀회에 가입해 생산지의 배추가격으로 값싸게 김장배추를 장만하는 것처럼 소비자 동아리에 가입만 하면 되는 것이므로 어려울 것도 없고 비용이 필요한 것도 아니다. 휴대전화로 돈을 벌고 싶으면 이동통신 소비자 동아리에 가입하여 온라인 이동통신 대리점을 차려라!

여기까지는 내가 ≪유비쿼터스 시대의 허브, 휴대폰≫에서 휴대전화로 돈을 벌 수 있다고 소개한 내용이다. 하지만 여기에는 몇 가지 전제조건이 있었다. 우선 이동통신 서비스 업체가 변화하는 세계 시장 환경에 신속하게 적응해야 한다. 둘째, 그 이동통신 사업제로부터 방을 빌려 사업을 하는 네트워크마케팅 업체들도 신속히 글로벌 환경에 적응해야 한다. 셋째, 네트워크마케팅의 개인 사업자들 역시 급변하는 글로벌 시장 환경에 재빨리 적응해 사업을 전개해야 한다.

그 이유는 통신 시장 자체가 이미 치열하게 글로벌 경쟁을 벌이고 있고 FTA의 확산으로 국경이 없어지다 보니 국내에서만 통신 사업을 하는 것 자체가 별다른 의미가 없기 때문이다. 또한 소비자들은 이미 수많은 나라에서 자신의 휴대전화로 통화를 하고 물건을 구입하며 업무를 보고 있고, 여기에다 FTA의 등장으로 50억 명 이상의 거대 시장이 국내 시장으로 전환될 예정인데, 공급자는 아직도 국내에만 머문다면 살아남지 못할 것은 뻔한 일이기 때문이다.

3. 기존 통신 비즈니스 수익 모델을
다시 점검해 본다

환경은 이처럼 급변하고 있는데 통신 사업자들이 여전히 그러한 글로벌 환경에 적응하지 못한다면 그들은 장차 어떻게 될까? 그들은 과연 휴대전화로 돈을 벌 수 있을까? 만약 아니라면 어떻게 해야 할까? 이 질문에 답하기 전에 기존 통신 사업자들의 사업 논리와 수익 모델을 다시 한 번 점검해 보자. 그래야만 보다 정확한 대책을 세울 수 있기 때문이다.

현재 네트워크마케팅 통신 사업자들의 수익 모델은 기본적으로 국내 대리점 모델이다. 이것은 이제까지 얼굴도 모르는 통신 업체 대리점이 가져가던 내 휴대전화 요금의 일부를 돌려받는 캐시백 모델로, 기존 통신 업체들이 막대한 자금을 쏟아 붓던 유통 및 광고비를 소비자가 돌려받는 것이다. 이 모델에서 사업자들은 아무런 비용 투자 없이 단순히 이동통신 소비자 동아리에 가입해 평소처럼 자신의 휴대전화를 사용하면서 비용도 절감하고 돈도 벌게 된다. 그런 다음 소비하면서 돈을 버는 이 희한한 경험을 주위에 알리기만 하면 된다. 따라서 전문지식이나 매장, 직원, 자본금, 재고가 필요 없으며 원하기만 한다면 누구라도 할 수 있다. 그뿐 아니라 매월 재구매가 일어나고 누적 수익이 발생하며 성장이 확실하다. 한마디로 황금알을 낳는 평생사업인 것이다.

다른 한편으로 이러한 경험을 소비자이자 잠재적인 사업자에게 설명하기 위해 다양한 논리와 대책을 담은 여러 가지 도구들이 개발되었다. 그런데 현재 네트워크마케팅 사업자들이 컨택용 혹은 지식 함양을 위해 활용하는 네트워크마케팅 관련 서적과 통신 관련 서적은 대부분 비슷한 논리와 사례를 들고 있다. 비록 순서와 표현, 디자인은 다르지만 대개 비슷한 논리와 사례를 들고 있는 것이다. 여러 가지 서적에서 가장 많이 나오는 공통적이고 대표적인 논리와 사례를 살펴보면 다음과 같다.

첫째, 정보화와 글로벌화가 진행되면서 양극화가 심화되고 노령화도 심각해지고 있지만 서민들은 이에 대응하기가 갈수록 어려워지고 있다.

둘째, 서민들이 이러한 어려움을 극복하려면 시대에 맞는 도구를 선택해야 한다. 이는 곧 21세기의 글로벌 시대에 땅을 파려면 호미와 삽보다 포클레인이 더욱 효율적이라는 얘기다.

셋째, 우유 이야기가 어디에나 등장하고 있다. 구전 마케팅의 당위성과 위력을 보여주기 위해 우유 파는 가게에서 할인과 쿠폰으로 소비자를 모으는 우유 이야기가 약방의 감초처럼 등장하고 있다.

넷째, 로버트 기요사키가 제시한 현금흐름 사분면과 돈 버는 방법도 인기가 있다. ≪부자 아빠 가난한 아빠≫ 시리즈의 저자인 그는 성공한 사업자가 되기 위한 세 가지 방법을 제시한다. 그것은 자신이 직접 시스템을 만드는 방법과 시스템을 사는 법, 기존 시스템에 참여하는 방법을 말한다. 이 중에서 일반 서민이 자본 투자 없이 부자가 되는 방법은 기존 시스템에 참여하는 것으로, 이는 네트워크 마케팅에 참여하는 것을 의미한다.

다섯째, 많은 서적에서 J. 폴 게티(J. Paul Getty)가 주장한 성공 원칙을 제시하고 있다. 그것은 여러분 자신을 위한 사업을 해야 한다, 수요가 큰 상품이나 용역을 취급해

야 한다, 취급하는 상품이나 용역의 질이 반드시 보장되어
야 한다, 경쟁 상대보다 나은 서비스를 제공해야 한다, 여
러분의 일을 해주는 사람에게 충분한 보상을 해주어야 한
다, 다른 사람의 성공을 발판으로 삼아 여러분 자신의 성
공이 이루어져야 한다는 여섯 가지 원칙이다.

이러한 논리는 옳고 또한 널리 알려진 사례지만 이를 실
천하기는 결코 쉽지 않다. 따라서 끊임없는 학습과 이를
통한 열정의 지속이 필요하다. 이러한 논리 아래 네트워크
마케팅 통신 업체나 사업자들은 기존의 통신 업체(MNO,
Mobile Network Operator)로부터 통신망을 빌려 선·후불 요
금제, 번호이동 시스템, 멤버십 회사와의 제휴, 기존 가입
자 유지, 타사 가입자 유치, APRU(Average Revenue Per User,
가입자 한 명당 평균 수익) 향상, MVNO(Mobile Virtual Network
Operator: 기존 이동통신 사업자로부터 모바일 통신망을 빌려 사업을 하는
이동통신 사업자) 사업 다양화, 해외시장 진출 등 각자 자사 실
정에 맞는 정책을 채택해 통신 사업을 전개하고 있다.

4. 이렇게 하면 통신 사업자 대박난다

뭔가가 부족하다

위에서 말한 논리와 정책은 타당하고 지당한 얘기지만 요즘 세상의 눈으로 보면 뭔가가 부족하다는 생각이 든다. 언뜻 보기에도 낡았다는 느낌이 들지 않는가? 우선 도구에서 호미와 삽보다는 포클레인이 효율적이지만 이제는 24시간 쉬지 않고 땅을 파는 로봇도 있고, 나아가 필요한 도구를 빌려 쓰고 쓴 만큼만 돈을 내는 SaaS(Software as a Service)를 거쳐 보다 효율적인 클라우드 컴퓨팅도 등장했다. 더구나 요즘에는 스토리텔링이 들어가지 않은 도구는 인기가 없다. 따라서 네트워크마케팅에 클라우드 컴퓨팅 개념과 영성, 감성, 디자인, 콘텐츠 등 스토리텔링을 도입해야 한다.

또한 구전 마케팅의 모범 사례인 우유 이야기도 이젠 진화해야 한다. 원리는 지키되 구전 수단의 진화, 즉 블로그, 트위터, IPTV, 세컨드라이프, 위키노믹스 등을 통해 시간과 공간을 넘나드는 크로스 구전 마케팅과 블렌디드 러닝(Blended Learning, 온＋오프라인 Learning)을 활용하는 등 시대에 맞는 구전 마케팅을 실행해야 한다. 왜냐하면 시대, 세상, 시장, 소비자가 변했기 때문이다.

무엇보다 부족하다고 생각하는 부분은 네트워크마케팅 업계 내부의 커뮤니케이션이다. 외부 세계와 네트워크마케팅 업계 내부, 최고경영자와 회사 실무 직원, 회사와 사업자, 초기 성공자와 후기 성공자, 리더와 초기 사업자간의 소통이 부족하다고 본다. 커뮤니케이션이 원활하게 이뤄지지 않으면 외부 세계의 변화를 따라잡기 어렵다.

좀 더 구체적으로 말해 FTA의 확산으로 글로벌화가 진전되면서 국경과 보호막이 사라지고 있는데도 과거에 실행하던 방법론에 얽매이면 세상의 변화를 따라갈 수 없다. 물론 위에서 열거한 네트워크마케팅 업체들의 각종 정책은 훌륭하긴 하지만 하나하나 분석해 보면 결국 국내 대리점 모델의 타당성과 홍보를 위한 개념과 논리라는 것을 알 수 있다.

그동안 나는 수년간이나 이러한 내용을 주제로 강의도 하고 문제를 지적해 왔지만 네트워크마케팅 업체 임직원이나 사업자들에게서 나온 대답은 늘 비슷했다. 자신들도 변해야 한다는 것은 알고 있지만 회사가 움직이지 않아 어쩔 수 없다는 것이다. 그러면서 오히려 자기 회사를 설득해 달라고 나에게 부탁을 했다.

네트워크마케팅 사업의 장점 중 하나는 바로 소통이다. 그런데 네트워크마케팅 회사에서 내부적으로 소통이 되지 않는다니 좀 이해하기가 어려웠지만 현실적으로 이것은 사실이다. 이것은 매우 심각한 문제이므로 특히 네트워크마케팅 회사의 경영자는 여기에 주목해야 한다. 소통이 되지 않는 네트워크는 고여 있는 물과 다르지 않다.

통신 사업자 대박난다

어떤 일에서든 처음에는 모순이 있게 마련이고 혼란도 따른다. 10여 년 전, IT가 산업화할 때 사람들 사이에 회자되던 말 중 하나가 크리티컬 매스(Critical Mass)이다. 이것은 수확체증의 법칙에서 수요와 공급이 만나는 교차점에서 작동되는 것으로 임계질량 혹은 일정 규모의 선행투자를 의미하는 용어로 사용되기도 한다.

그런데 이 말이 최근에 다시 심심찮게 등장하고 있다. 왜냐하면 네트워크 효과(Network Effect)를 나타내는 메트칼프의 법칙(Metcalfe's Law)이 작동하려면 반드시 필요한 투자 개념이기 때문이다. 자꾸 어려운 개념이 등장하고 있지만 이것은 독자 여러분도 알아야 할 법칙이므로 좀 더 설명을 하도록 하겠다.

우선 네트워크 효과는 '입소문의 효과'나 단순히 메트칼프의 법칙과 동일시해서 이해하기도 하고, 어떤 사람은 '커뮤니티를 만들어야 한다'는 뜻으로 해석하기도 한다. 하지만 네트워크 효과는 주로 다음의 두 가지 의미로 사용된다.

첫째, 어떤 상품 및 서비스를 이용하는 기존 사용자의 수는 잠재 사용자에게 그 상품 및 서비스를 가치 있게 만드는 특성이 있다. 이 말은 사용자가 많을수록 다른 사람에게 더 큰 영향을 미친다는 의미다.

둘째, 어떤 제품을 보다 많은 사용자가 이용하는 것이 다른 사용자, 때로 모든 사용자에게 그 제품의 가치를 높일 때 그 제품은 양의 네트워크 효과를 보인다. 이것은 많은 사용자가 다른 사람들에게 영향을 미칠 경우, 그 영향은 네트워크 효과로 정리될 수 있다는 뜻이다.

이때의 네트워크 효과를 이론적으로 설명하는 것이 3Com의 창업자인 로버트 메트칼프(Robert Metcalfe)가 주창한 메트칼프의 법칙이다. 이것은 네트워크 효과가 있는 상품 및 서비스의 전체 가치(Total Value)는 사용자 수의 제곱(n^2)에 비례한다는 의미를 담고 있다. 주로 통신 산업에서 작동하는 이 법칙을 좀 더 구체적으로 설명하면 어떤 네트워크에 회원이 2명 늘어날 경우 그 네트워크의 가치는 2의 제곱인 4배로 늘어난다는 뜻이다. 최근에는 이 법칙도 새롭게 진화하고 있다.

<그림 5-1> 전화 네트워크를 통한 메트칼프의 법칙 사례

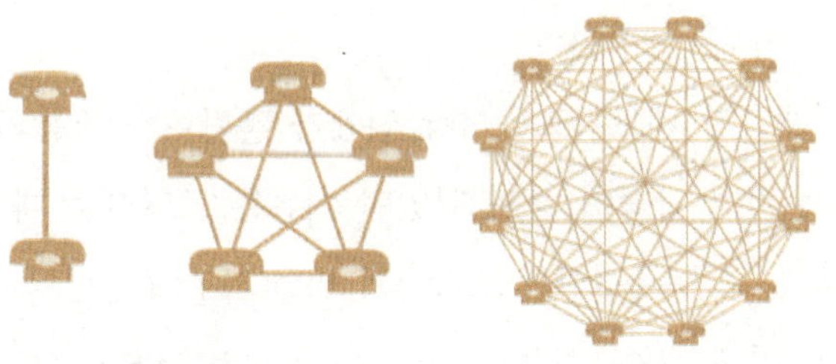

메트칼프의 법칙이 작동하려면 일정량의 선행 투자가 필요한데, 이 선행 투자의 개념을 가리키는 말이 크리티컬 매스이다. 좀 어렵긴 하지만 네트워크마케팅 사업을 하는 사업자라면 반드시 알아야 하는 개념과 법칙이다. 왜냐하면 앞으로 이 법칙이 작동하는 세상에서 사업을 해야 하고, 미래의 사업 파트너인 소비자들에게 세상 돌아가는 이치를 설명해야 하기 때문이다. 또한 글로벌 시장에 나가 다른 나라 사업자들과 경쟁해야 하므로 이론 무장은 필수적이다.

당위성만으로는 설득하기 어렵다. 열정만으로는 거부당하기 십상이다. 열정과 지식, 정보가 결합되어야 스마트한 사업자로 거듭날 수 있다. 더욱이 세계가 하나의 네트워크로 통합되면서 이러한 법칙이 다시 작동하기 시작했고, 또한 그 법칙들이 진화를 하고 있다. 학습하지 않으면 살아남기 어려운 세상이다.

이제까지 네트워크마케팅 업계가 혼란이나 소통의 부재, 논리의 답습에 빠져 있었던 이유는 크리티컬 매스의 임계치, 즉 임계질량에 도달하기 위한 과정에 있었기 때문이다. 이제 때가 되었다. 네트워크마케팅 업계가 모두 힘을 합해 크리티컬 매스에 도달한다면 사업자들과 관련 업계에 분명 대박이 터질 것이다. 특히 그 기회는 통신 사업자들에게 더 많이 주어질 거라고 확신한다. 물론 그 임계질량에 도달하려면 지금보다 많은 인식 전환과 이에 따른 개방 전략, 노력, 투자가 필요하다.

나에게 이 개방의 시대에서 대박을 터뜨릴 만한 업계를 꼽아 보라면 모바일, 콘텐츠, 네트워크마케팅, IT, 문화, FTA, 로봇, 스마트그리드 등을 추천하겠다. 또한 섬유, 자동차, 유통, 금융, 교육, 의료 서비스 등의 업계도 FTA에 따라 호불호가 교차할 것으로 보인다. 특히 모바일 업계는 급격한 발전과 해외에서의 선전에 힘입어 가장 큰 수혜를 볼 분야라고 할 수 있다. 휴대전화 생산자, 휴대전화 주변기기 업자, 휴대전화 서비스 장비 업체, 휴대전화 서비스 업자, 휴대전화 결제 업체, 국제 로밍 업체 등이 이에 해당된다. 또한 와이브로, DMB, LBS, 홈 네트워크 업계 등 휴대전화와 연관된 유비쿼터스 업종은 물론 통신을 주업으로 하는 통신 사업자들도 대박이 날 것으로 예상된다.

5. 이제 모든 길은 휴대전화로 통한다

지금까지 숨 가쁘게 달려온 휴대전화의 변화와 진화를 살펴보았다. 그러나 휴대전화의 진정한 진화는 이제 막 시작되었을 뿐이다. 앞으로 어떠한 진화 과정을 거칠지는 아무도 모른다. 확실한 것은 이제 휴대전화가 인간과 가장 가까운 사이가 되었다는 사실이다.

옛말에 '모든 길은 로마로 통한다' 라는 것이 있다. 이는 그만큼 로마가 당시의 문명, 문화, 경제, 산업, 무역, 군사 등의 중심지였다는 것을 뜻한다. 그렇다면 오늘날의 로마는 어디일까? 미국일까? 유럽일까? 중국일까? 아니다. 이 시대의 로마는 따로 있다. 그러면 시대의 변화를 살펴보며 그 주인공이 누구인지 살펴보자.

우리는 시대의 흐름이 급격하게 소용돌이치는 역사의

현장에 서 있다. 산업사회 시대가 가고 정보화 시대가 오더니 어느덧 모바일 시대와 더불어 유비쿼터스 시대가 오지 않았는가. 더구나 이제 로봇 시대가 개막되고 동시에 FTA로 대변되는 글로벌 시대도 성큼 다가오고 있다.

이처럼 우리 사회의 모든 것이 빠른 속도로 변화, 진화, 융합하면서 어디서든 경계선이 사라지고 있다. 대표적으로 방송과 통신, 통신과 금융, 유통과 금융, IT와 에너지, 유통과 무역 그리고 물류가 융합하면서 기술, 산업, 업종의 경계선이 무너지고 있다. 중요한 것은 이러한 변화의 중심에 휴대전화가 있다는 사실이다. 흥미롭게도 카메라, 시계, 필름, 계산기, 게임기 등 기존 산업의 왕자들이 이 조그만 문명의 이기 앞에 차례로 무릎을 꿇고 있다.

심지어 물질 세상과 사이버 세상이 융합하여 유비쿼터스 세상이 탄생하는가 하면 사람과 기계, 로봇이 융합해 사이보그가 등장하고 있다. 나아가 국가간의 국경선이 무너져 FTA라는 새로운 시장이 형성되고 있다. 그 변화의 중심부에 굳건히 버티고 서 있는 존재가 바로 휴대전화이다. 휴대전화가 곧 로마이자 권력이 되고 있는 것이다.

이처럼 모든 것이 변화, 융합, 통합되면서 휴대전화는 갈수록 더욱 사랑을 받고 있다. 자신의 가치와 필요성을 높이면서 이 모든 변화를 집어삼키는 괴력의 황태자이자, 남녀노소를 불문하고 이 시대의 모든 사람에게 가장 사랑받는 주인공이 바로 휴대전화이다. 한마디로 오늘날에는 모든 것이 휴대전화 안으로 빨려 들어오고 있다. 모든 인류 문명이 손안의 세상으로 들어오고 있다는 얘기다.

이제 휴대전화로 통화, 사진촬영, 쇼핑, 교통, 보험, 증권, 게임, 교육, 사업, 업무, 심지어 국가간 무역까지도 해결할 수 있는 시대가 되었다. 그뿐 아니라 사랑, 이별, 그리움도 휴대전화로 해결하고 종교 생활도 휴대전화 하나면 만사형통이다. 이제 모든 길이 휴대전화로 통하는 것이다.

하지만 그러한 괴력을 지닌 휴대전화도 내가 움직이지 않으면 그림의 떡이다. 아무리 훌륭하고 좋은 기회가 있더라도 내가 실행하지 않으면 내 손에 들어오는 것은 아무것도 없다. 그러므로 제6장에서 제시하는 대로 움직여서 그것을 내 것으로 만들어야 한다.

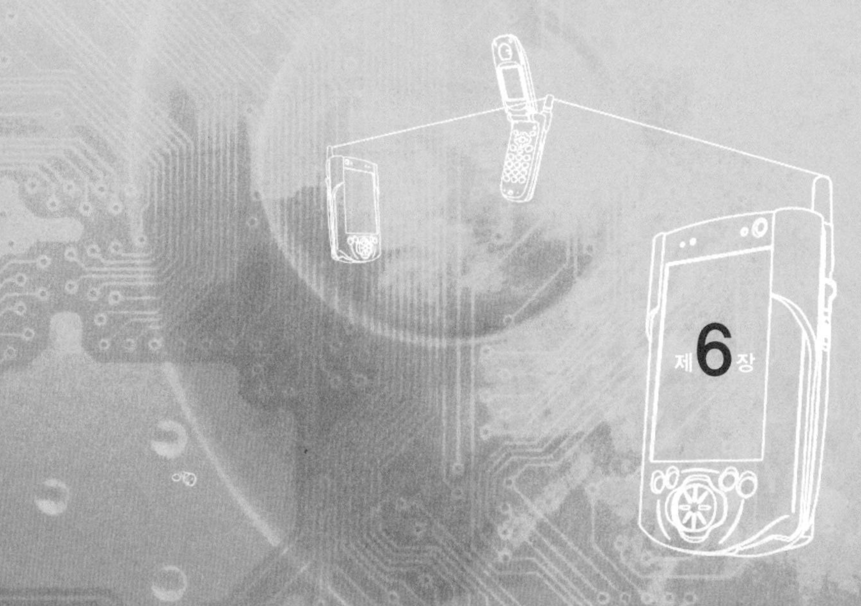

통신사업, 흰 기러기 둥지는 어디에 있는가?

CHAPTER 6

통신 사업, 힘 기르기 둥지는 어디에 있는가?

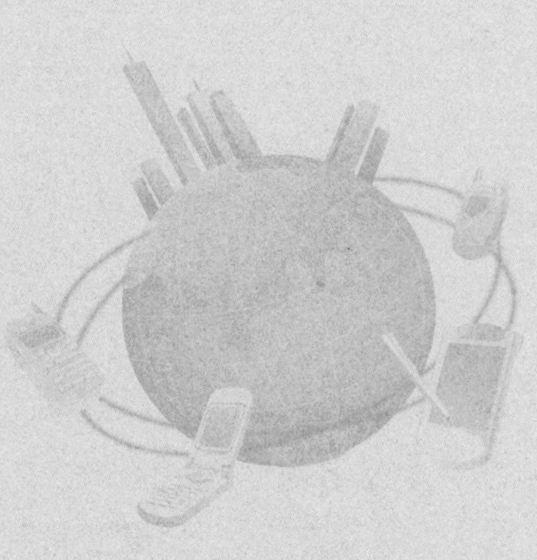

1. '147/805 실패의 법칙'을 아는가?

에디슨은 전구를 발명하기까지 147번의 실패를 거듭했고 성공에 이르는 데 22년이 걸렸다. 라이트 형제는 거의 30년에 걸쳐 무려 805번의 실패를 거듭한 끝에 겨우 32초간 뜨는 비행기를 만드는 데 성공했다. 이러한 역사적 사실에서 유추된 것이 바로 '147/805 실패의 법칙'이다. 오늘날 우리가 많은 것을 누리며 편하게 살고 있는 것은 모두 이런 선각자들의 수많은 실패와 고생 덕분이다.

왜 갑자기 실패의 법칙을 논하는지 궁금한가?

지구촌이 하나라는 사실을 머릿속에 새겨놓기라도 하려는 듯, 오늘날 미국에서 비롯된 경제 위기의 한파는 순식간에 전 세계를 삼켜버렸고 많은 사람이 허리띠를 졸라매며 힘든 시기를 보내고 있다. 특히 청년들이 취업을 하지 못해 고통을 겪고 있으며 직장인들도 구조조정으로 길거리로 내몰리고 있다. 이런 상황에서 아예 일자리 찾기를 포기하는 사람도 있고 가정은 물론 심지어 삶까지 포기하는 사람이 증가하고 있다.

하지만 절대 포기하면 안 된다. 우리의 역사는 역경 속에서도 실패를 두려워하지 않고 기회를 포기하지 않은 사람이 성공했다는 것을 잘 보여주고 있다. 에디슨이 그랬고 라이트 형제도 마찬가지다. 천하를 정복한 알렉산드로스 대왕은 곱추였고 바다의 제왕 넬슨 제독과 유럽을 제패한 나폴레옹은 다리에 이상이 있었다. 또한 아인슈타인 박사는 중학교 시절에 수학에서 낙제 점수를 받았으며 이혼녀로 생활비를 걱정해야만 했던 조앤 K. 롤링(Joanne K. Rowling)은 《해리 포터Harry Potter》시리즈로 엄청난 부를 거머쥐었다. 리처드 닉슨(Richard Nixon)은 "인간은 패배했을 때 끝나는 것이 아니라 포기할 때 끝나는 것이다"라는 말을 남겼다. 결국 성공이란 어떤 역경에 처할지라도 포기하지 않고 끝까지 도전하는 자의 몫이다.

역사책 속으로 들어간 거창한 사례를 들지 않더라도 우리 주위에는 실패에 굴하지 않고 끝까지 도전한 사례가 매우 많다. 주위를 한 번 둘러보라. 많은 사람이 성공했고 또한 많은 사람이 성공의 길로 가고 있다.

미국의 한 조사기관에서 세일즈맨의 성과를 분석한 결과는 매우 흥미로운 사실을 보여준다. 그 결과에 따르면 세일즈맨의 48퍼센트는 고객을 한 번 방문한 다음 포기했고 25퍼센트는 두 번째 방문에서, 그리고 15퍼센트는 세 번째 방문에서 포기했다고 한다. 그들 중 겨우 12퍼센트만 온갖 장애와 갈등을 극복하고 지속적으로 방문해 소기의 목표를 달성했다.

위기가 닥쳤을 때 약한 자는 시장에서 사라지고 마는 것이 시장의 논리다. 이때 위기에서 살아남은 자는 정리된 시장에서 더 많은 기회를 누릴 수 있다. 바로 위기 속에 기회가 숨어 있는 것이다. 지금과 같은 경제 위기 속에서 여러분은 그 기회를 보아야 한다.

통신 업계나 네트워크마케팅 업계에 불어 닥친 현재의 경제 위기가 어떤 방향으로 어느 정도까지 진전될지는 누구도 정확히 예측할 수 없다. 그러나 겨울이 깊어질수록 봄이 가까이 있고 어둠이 깊을수록 새벽이 가까운 법이다.

오늘의 경제 위기는 머지않아 끝날 것이다. 그 이후를 대비하라. 준비된 자에게 지금의 경제 위기는 세계화를 통해 시장을 확대할 절호의 기회이다. 국내 대리점 수준을

벗어나 글로벌 시장에서 대리점을 차려라. 실패를 두려워
하지 말고 나가라. 147/805 실패의 법칙을 떠올리면서 앞
으로 나아가라. 그러면 거대한 블루오션이 기다리고 있을
것이다.

그렇다면 과연 어떤 방법으로 나가야 할까? 이제부터
그 방법을 구체적으로 소개하겠다.

2. 모바일 한류를 활용하라

고맙게도 현재 글로벌 시장에는 모바일 한류 바람이 거세게 불고 있다. 그러므로 모바일 한류를 활용해 글로벌 시장으로 나가라. 애초에 한류는 텔레비전 드라마 등 방송 분야에서 먼저 시작되었다. 그러던 것이 영화, 음식, 음악 등 전통적인 문화 분야로 확대되더니 이제는 골프, 게임, 비보이 등의 새로운 문화는 물론 온돌, 김치, 화장실 등 다양한 분야로 확산되고 있다.

최근에는 전자성부, u-City 등 첨단 분야에까지 한류 바람이 불면서 통신 분야에도 영향을 미치고 있다. 이러한 기회를 적극 활용해야 한다. 안방 통신 강국에서 벗어나 모바일 한류에서 새로운 시장을 찾아야 하는 것이다. 모바일 한류는 크게 네 가지 분야에서 활용할 수 있다.

첫째, 휴대전화의 한류를 활용한다. 아직까지 통신 분야 한류는 하드웨어 분야가 주도하고 있다. 삼성전자, LG전자, 팬택 등 우리나라 휴대전화 업체들이 세계 시장에서 맹활약하고 있는 것이다. 특히 삼성전자와 LG전자는 노키아와 더불어 세계 휴대전화 업계 3대 천왕으로 등극했다. 그러므로 이들과 동반으로 세계 시장에 진출하는 방안을 연구해야 한다.

둘째, 통신 업계의 해외 진출을 활용한다. 통신 업계, 즉 서비스 분야의 해외 진출은 이제 막 시작되었다. 앞에서 간략히 언급했지만 KTF와 합병한 KT의 2008년 해외 매출은 전체 매출액 19조 원의 1퍼센트인 2,000여억 원에 불과하고, 매출액이 12조 원인 SK텔레콤도 사정이 비슷하다. 영국의 브리티시텔레콤, 프랑스의 프랑스텔레콤, 스페인의 텔레포니카처럼 해외 매출 비중이 50퍼센트를 넘는 선진국 통신 회사와 비교하면 아직 걸음마 수준에 불과한 것이다.

하지만 이제 우리나라의 통신 업계도 해외 시장 진출에 힘찬 시동을 걸었다. 실제로 KT와 SK텔레콤은 와이브로나 초고속 인터넷, 무선 데이터 같은 차별적인 기술로 무장하고 우즈베키스탄, 요르단, 중국, 베트남 등의 해외로 진출하고 있다. 이 기회를 이용해야 한다. 특히 이들에게서 망을 빌려 쓰는 통신 업체들은 이들과 함께 적극 해외 시장 동반 진출을 꾀해야 한다.

셋째, 통방 융합을 활용한다. 이제 방송은 통신으로, 통신은 방송으로 상대방 텃밭에 대한 무차별 진입을 가속화하고 있다. 통신과 방송의 벽이 무너지고 있는 것이다. 이제 고유영역이라는 말은 의미가 없다. 미국에서는 최대 통신 회사인 AT&T가 IPTV, 초고속인터넷, 인터넷 전화(VoIP) 등의 서비스를 제공하며 방송을 앞세우자, 미디어 산업의 전통 강자인 케이블 TV 업계도 IPTV, VoIP 서비스 등으로 맞불을 놓고 있다.

이처럼 다른 업종을 무차별 침범하는 업역(業域) 파괴 현상은 미국뿐 아니라 EU, 일본 등 세계 여러 나라에서 나타나고 있다. 하지만 우리나라는 정치적, 이념적 이유 등으로 이제 겨우 시작 단계에 불과하다. 이런 상황에서 국내에만 머물러 있으면 통방 융합이라는 거대한 시대적 흐름에서 뒤처지기 십상이나. 그러니 글로벌 시장으로 나가라. 나가서 우리나라 기업들의 해외 기업과의 통방 융합 혹은 해외 기업간의 통방 융합 움직임에 동참하라.

넷째, 한류 콘텐츠를 활용한다. 우리 주변을 돌아보면

게임을 즐기는 사람이 꽤 많다는 것을 알 수 있다. 중고생들은 쉬는 시간과 등하교 길에 휴대전화로 모바일 게임을 즐기고, 대학생이나 젊은 직장인들은 지하철과 버스 안에서 휴대형 게임기에 빠져 있다. 게임이 일상생활에서 차지하는 비중은 갈수록 커지고 있으며 그중에서도 모바일 게임은 비약적으로 발전하고 있다. 특히 최근 스마트폰의 보급과 모바일 인터넷의 대중화로 모바일 게임 산업의 전망은 더욱 밝아졌다.

이와 더불어 해외 시장에서 우리나라의 모바일 게임도 인기가 치솟고 있다. 그러므로 한류 열풍을 일으키고 있는 드라마, 영화, 비보이 등의 콘텐츠와 더불어 모바일 콘텐츠 업계와도 제휴해 글로벌 시장에 진출하라.

혹시 갈라파고스 현상을 알고 있는가? 갈라파고스 현상이란 남미 에콰도르에서 900킬로미터나 떨어진 태평양 한가운데에 있는 갈라파고스 제도의 동식물들이 육지와 고립된 방식으로 진화해 외래종의 공격에 매우 취약한 것을 말한다. 이러한 현상과 비슷하게 멸족의 길을 걷고 있는 대표적인 사례가 바로 일본 휴대전화 업계이다.

일본에는 교세라, 샤프, NEC, 파나소닉, 후지쯔 등 세계적인 IT 업체가 포진하고 있지만 유독 글로벌 휴대전화 시장에서는 힘을 쓰지 못하고 있다. 그 이유는 세계를 호령하는 일본 업체들이 휴대전화 분야에서 자국 시장 경쟁에만 몰두한 데다 국제 표준까지도 등한시해 국제 경쟁력을 상실했기 때문이다.

이것은 우리나라 통신 사업자들도 명심해야 할 냉혹한 세계 시장의 현실이다. 특히 국내 시장에서의 초기 성공에 안주하고 있는 일부 업체는 갈라파고스 현상으로 인해 멸종될 수도 있음을 직시해야 한다. 편안함에 안주하지 말고 거친 글로벌 시장으로 나가라.

3. 월평균 휴대전화 가입자 1천만 명,
12억 인도 시장을 공략하라

거대 시장 인도로 가라

일단 실패의 법칙과 모바일 한류 등으로 어느 정도 무장을 했다면 밖으로 나가야 한다. 먼저 FTA 시장을 공략하라. FTA에 대한 이론과 당위성은 이미 앞에서 살펴보았다. 그러므로 여기서는 어떤 곳으로, 어떻게 나갈 것인지 결정해 보자.

우선 12억 명의 황금시장인 인도를 추천한다. 인도는 과연 어떤 나라일까? 주한 인도대사관 자료를 살펴보면 인도의 면적은 330만 평방킬로미터로 남한 면적의 대략 33배이며, 인구는 약 12억 명으로 우리나라 인구의 24배인 세계 2위의 거대 국가이다. 또한 인도는 중국, 러시아, 브라질과 더불어 브릭스(BRICs)로 불리는 신흥국가로서 세계 4위의 구매력 평가 GDP(3조 2,883억 달러)를 자랑하는 거대 소비 시장이다. 더구나 중산층이 3억 명에 이르고 평균 연령은 스물네 살이다.

이러한 인도와 한국이 브릭스 국가로는 처음으로 FTA의 일종인 '포괄적 경제 동반자 협정(CEPA)'에 서명함으로써 거대한 인도 시장이 열리게 되었다. 한·인도 CEPA*가 발효되면 교역 규모 33억 달러 증가, GDP 1조 3,000억 원 증가, 신규 고용 창출 4만 8,000명 등의 경제적 효과가 예상된다.

협상 개시 3년 6개월 만에 결실을 본 한·인도 CEPA는 상품, 서비스, 무역, 투자, 경제 협력 등 전반적인 경제 관계 교류를 포함하는 넓은 의미의 FTA이다. 이로써 인도는 한국 수출 품목의 85퍼센트, 한국은 대 인도 수입 품목의 93퍼센트에 대해 관세 인하 및 철폐를 하게 되고, 두 나라를 합해 12억 명 이상의 거대 소비 시장이 탄생하게 된다. 또한 양국이 자유로운 인력 이동을 허용한 덕분에 한국은 세계 2위의 소프트웨어 수출국인 인도의 우수한

---

* CEPA(Comprehensive Economic Partnership Agreement, 포괄적 경제 동반자 협정): 상품 및 서비스 교역, 투자, 경제 협력 등 경제 관계 전반을 포괄하는 내용을 강조하기 위해 사용하는 용어로 실질적으로 FTA와 동일한 성격을 띤다.

고급 IT 인력을 확보할 수 있게 되었다.

지금까지 인도의 관세율은 매우 높은 편이었다. 하지만 이제는 CEPA를 통해 중장기적으로 막대한 수출 효과가 나타날 것으로 예상되며, 개선된 인도 투자 환경을 바탕으로 대기업뿐 아니라 중소기업도 현지 진출이 수월해질 것으로 보인다.

〈표 6-1〉 한·인도 CEPA 주요내용

자료: 외교통상부, 출처: 〈연합뉴스〉

	주요 내용	기대 효과
상품	- 인도 측 품목 수 기준 72%/수입액 기준 75% 관세 철폐. 품목 수 기준 13%/수입액 기준 10% 관세 감축. - 우리 측 품목 수 기준 89%/수입액 기준 85% 관세 철폐. 품목 수 기준 4%/수입액 기준 5% 관세 감축. - 대다수 농수산물을 개방 대상에서 제외. - 관세 철폐 가속화 및 재검토(review) 제도 마련. - 제로잉 금지 등 WTO 규범보다 진전된 무역구제 규정.	- 자동차 부품, 철강, 기계, 화학, 전자제품 등 대 인도 수출 확대. - 농수산업 피해 최소화. - 향후 제3국이 보다 유리한 조건으로 FTA 체결 시 추가 협상 가능성 확보. - 인도의 대 한국 반덤핑 조치 발동 억제.
원산지	- 인도의 기존 FTA보다 완화된 원산지 기준 합의. - 개성공단 생산 제품 특혜 인정.	- 글로벌 아웃소싱된 제품의 대 인도 수출 용이. - 여타국과의 FTA 협상에서 개성공단 관련 우리 입장 강화.
서비스	- 서비스 전문직 인력 이동 상호 개방 - 시청각 공동제작 협정의 체결 근거 마련. 이에 따른 공동 제작 프로젝트(영화, 방송 프로그램, 게임, 영상 효과, 애니메이션)는 양국에서 국내 제작물로 간주.	- 인도의 건축, 부동산, 의료, 에너지 유통 등 사업 서비스 및 통신, 건설, 유통, 광고, 오락 문화, 운송 서비스 개방. - 인도 서비스 시장 진출 및 국내 외국 전문 인력 수요 충족. - 우리 콘텐츠의 해외 시장 확대 효과.
투자	- 1차 산업을 제외한 제조업 전반에 걸쳐 대 인도 투자 자유화. - 간접 수용 금지, 투자자-국가 소송제도의 적용 대상 확대.	- 대 인도 투자 확대 및 이에 수반되는 수출 증대 효과. - 인도 진출 우리 투자자에 대한 보호 수준 제고.
경제협력	- 시청각, 콘텐츠, 에너지, 정보통신 기술, 과학기술, 정부 조달 등 13개 분야 협력 합의.	- 양국간 협력 확대 및 심화.

월평균 휴대전화 가입자가 1,000만 명에 이르는 등 통신 사업자에게 천국과 같은 거대한 시장이 등장한 것이다. 통신 사업을 하면서 어떻게 이러한 기회를 놓칠 수 있단 말인가!

FTA 시장 개척을 위한 특공대 파견

그러면 어떻게 인도로 나갈 것인가? 물론 여러 가지 분야에서 다양한 방법으로 진출할 수 있다. 여기에서는 네트워크마케팅 업체들에 한정해 그동안 논의되지 않았던 좀 더 구체적인 방안을 살펴보도록 하겠다.

우선 젊은 사업자로 구성된 FTA 시장 특공대를 인도에 파견하라. 기존의 직급이 높은 사업자나 나이가 많은 사업자들은 해외 시장에 나가는 것을 두려워한다. 또한 외국어나 인터넷 사용에 문제가 있을 수도 있고, 당장 가족이나 생계 때문에 글로벌 시장 개척에 엄두를 내지 못할 수도 있다. 하지만 젊은이들은 외국어 실력이 출중한 데다 어학연수, 배낭여행 등으로 다져진 경험이 있어 글로벌 시장을 그다지 두려워하지 않는다.

이들을 국가별로 10여 명씩 조를 편성해 1년 정도 FTA 체결 국가에 파견하라. 이들은 특공대로서 시장을 꼼꼼하게 조사하는 임무를 띤다. 이때 비용은 자비 30퍼센트에 리더 30퍼센트, 회사 40퍼센트로 부담하는 것도 검토해 볼 만하다. 이들은 각자 독립 사업자이므로 당연히 자비 부담이 있어야 하며, 리더는 자신의 사업 파트너가 자신을 대신해 시장을 개척하러 가는 것이므로 비용을 부담해야 한다. 또한 회사의 경우에는 어느 회사에나 있는 소비성 해외여행을 줄이거나 자제하고 그 비용의 일부를 시장 개척에 투자하는 것이 회사의 장래를 위해 보람 있고 효율적이다.

만약 해외여행을 할 기회가 있다면 명승지만 찾아다니지 말고 FTA 체결국의 시장조사 여행을 가서 마지막 날 각자 조사한 결과를 발표하는 자리를 마련하는 것도 의미가 있을 것이다. 생각해 보라! 수백 명의 시장조사단이 1주일간 어느 한 나라에 퍼져 시장조사를 하고 마지막 날 결과를 발표하며 우열을 가리는 행사를 한다면 얼마나 멋있겠는가. 그야말로 해외 토픽감이 아닌가? 아마도 세계가 한국을 두려워하며 지켜볼 것이다.

FTA 시장에 특공대로 파견된 젊은 사업가들은 1년간

해당국의 시장을 샅샅이 뒤져야 한다. 예를 들어 10명의 특공대가 인도에 파견되었다면 5명은 지역조사팀, 5명은 분야별 조사팀으로 나눠 인도의 지역 특성, 산업, 직업, 인구 분포, 소비 습관, 공공질서, 유망 분야, 대학, 언론, 정치, 문화 등을 경험하고 조사하는 것이 좋다. 또한 통신 시장을 조사해 유망 품목을 발굴하고 대학생 네트워크 결성, 현지 거주 교민 연계, 경쟁자 파악 등의 과제를 수행해야 한다.

그뿐 아니라 무엇이든 보고 듣고 느낀 것을 자료로 만들고 기록하라. 그것은 개인의 자산이자 회사의 자산이며 더 나아가 국가의 소중한 자산이다. 이렇게 1년간 철저히 분석한 다음 인도에 진출한다면 12억 명의 거대한 시장에서 마음껏 헤엄칠 수 있을 것이다.

만약 어느 젊은 특공대원이 인도의 MIT라 불리는 인도 공과대(IIT) 휴대전화 연구모임 학생들과 네트워크를 구축하고 인도 젊은이들의 휴대전화 성향을 연구한 결과, 한국의 우수한 휴대전화 게임을 독점으로 인도에 공급하게 되었다면 그의 월 통신 매출이 수십억 원에서 수백억 원이 될 수 있지 않겠는가? 더구나 인도는 현재 14억 명의 SAFTA(서남아시아 FTA)의 맹주이므로 그의 월 매출액은 더 늘어날 수도 있다. 분명 국내 통신 대리점 개념으로는 상상도 할 수 없는 엄청난 수입이 될 것이다.

FTA 체결 국가의 B2G 시장 공략

그 다음으로 FTA 체결 국가의 B2G(Business to Government, 정부조달 시장) 시장을 공략해야 한다. 특히 개발도상국의 B2G 시장을 공략하라. 정부조달 시장이란 정부나 관련 기관, 공기업, 공무원 등이 정책 집행, 업무상, 정부 프로젝트 수행, 사회 간접자본 확충 등에 소비하는 상품 및 서비스 시장으로 어느 나라나 그 규모가 막대하다.

정부조달은 우루과이라운드를 거치면서 그 중요성이 부각되기 시작했는데, 1996년에 새로 발표한 GPA*의 적용 대상은 중앙정부의 상품 구매로 국한되었던 것에서 벗어나 건설공사를 포함한 각종 서비스 조달, 지자체와

---

* WTO 정부조달협정 (WTO Government Procurement Agreement, GPA) :
- 1994년 4월 15일 모로코의 마라케시에서 서명된 WTO 설립 협정에 부속된 '복수국간 무역협정(PTA, Plurilateral Trade Agreements) 중의 하나.
- 정부 관련 기관이 물품을 구매하는 정부조달 시장을 국내 생산자 위주의 독점적 공급 상태에서 벗어나 경쟁 개방 시스템으로 편입시킬 것을 요구하는 협정.

공기업의 조달로 크게 확대되었다. WTO는 90~94년에 연간 총 300억 달러에 이르는 정부 계약 규모가 우루과이 라운드에서 대폭 수정된 이후 그 금액이 10배 정도 증가했다고 추정한다. 이는 OECD 국가 기준으로 국가 GDP 중 평균 10~15퍼센트를 차지할 정도로 엄청난 규모이다. 한국도 정부조달 시장 규모가 약 55조 원에 이르며 미국은 9,400억 달러(공기업 제외)에 달한다.

시장의 규모가 이처럼 거대하다 보니 지금까지 각 나라는 자기 나라 기업을 보호하기 위해 조달 시장을 개방하지 않고 대부분 자국 상품으로 조달해 왔다. 하지만 이것이 국제 시장의 공정한 무역 발전을 저해하자 WTO의 GPA 협정에 가입한 나라들은 회원국에게 자국의 조달 시장을 개방하는 것은 물론, 회원국의 조달 시장에 진출할 수 있게 했다.

이에 따라 GPA에 가입하지 않은 나라의 조달 시장에는 외국 기업이 진출할 방법이 없었다. 그러자 각 나라는 FTA 협정을 통해 개방되지 않은 나라의 막대한 조달 시장을 공략하기 시작했다. 무역국가인 우리나라도 새로운 수출 시장을 개척하기 위해 FTA 협상을 할 때마다 상대 국가의 조달 시장을 개방하는 데 심혈을 기울이고 있다.

출처: 〈매일경제〉 2009. 4. 23.

조달 규모 ＼ 구분	한국	미국
정부조달 전체 규모	54.9조 원	9,400억 달러(공기업 제외)
중앙(연방)정부 조달 규모 (국방 조달 규모-비중)	17.3조 원 (7조 원-약 30%)	3,400억 달러 (2,300억 달러-약 70%)
지방(주)정부 조달 규모	25.4조 원	6,000억 달러
공기업 조달 규모	12.1조 원	39억 달러
FTA 양허 하한선 인하로 예상되는 추가 시장 개방 규모	5,000억 원	6조 원

그러면 FTA 체결 국가의 B2G 시장을 어떻게 개척할 것인가? 물론 국가에 따라 B2G 시장 접근법은 다를 수 있다. FTA 협정에 따라 개방 방법이나 접근법이 다르기 때문이다. 한·인도 CEPA는 아직 상세 내용이 공개되지 않았으므로 여기에서는 아세안의 CLMV(캄보디아, 라오스, 미얀마, 베트남) 시장에서 일반 사업자가 B2G 시장에 접근하는 방법을 소개하고자 한다.

CLMV 국가에서는 공무원과의 네트워크를 구축하는 것이 유리하다. 이들 국가에서는 정부나 공무원의 영향력이 크기 때문에 우선 이들과의 연계나 네트워크 구축을 통해 조달 시장에 진출하는 방법도 연구해 볼 만하다. 그렇다고 부정을 저지르라는 얘기가 아니라 합법적으로 마케팅을 하라는 것이다.

이를 위해 먼저 현지 교민들과의 네트워크를 구축하는 것이 좋다. 현지 시장을 개척하려면 그곳에 사는 우리 교포나 정부 관련 사업을 하는 우리 기업인들을 먼저 접촉해야 한다.

둘째, 우리 교민들에게 여러분이 취급하는 우수한 제품을 선물한다. 상대적으로 열악한 환경에서 살아가는 교민들에게 한·아세안 FTA 협정문을 잘 살펴 무관세이면서 동시에 현지에서 필요로 하는 우수한 생필품이나 서비스를 선물해 그들이 그 제품에 익숙해지도록 해야 한다.

셋째, 현지 공무원들이 제품을 사용하게 한다. 여러분의 제품에 익숙해진 교민들을 통해 현지 공무원들도 제품을 사용하게 해 제품에 익숙해지도록 한다. 그리고 이때쯤 한국의 아름답고 우수한 휴대전화를 선물로 준다. 그리면 통신 시장을 열어젖힐 수 있다.

넷째, 그 공무원을 통해 현지 조달 시장을 개척한다. 여러분의 우수하고 저렴한 제품에 익숙해진 공무원을 통해 그가 근무하는 조직에 제품을 납품함으로써 현지 정부조달 시장에 진출하는 길을 찾는 것도 좋은 방법이다.

이때 공신력 있는 국제기관으로부터 받은 품질인증서가 있다면 더욱 좋고, 국제 시장에서의 거래 실적이나 국제기구에 납품한 실적이 있다면 금상첨화이다. 사실 국제 시장에 진출하려면 국제적인 품질인증서 취득은 상식이고 국제적인 디자인, 성능, 기능 테스트나 전시회 등에서 수상 경력을 쌓는 것도 필요하다. 나아가 UN이나 국제기구 등에 납품을 시도해 레퍼런스(reference)를 쌓는 것은 필수요건이다.

이러한 준비도 없이 해외로 나가 사무실부터 마련하고 지사를 설치해 돈을 퍼붓는 것은 실패의 지름길이다. 다시 한 번 강조하지만 회사나 리더, 사업자가 삼위일체가 되어 FTA 체결 국가의 거대한 B2G 시장을 개척하라. 그곳이 바로 21세기의 노다지이다.

4. 글로벌 시장에 통신 체인점을 차려라

마시멜로 이야기

이 모든 준비를 마쳤다면 이제 사업자들도 글로벌 시장에 나가 자신 있게 통신 체인점을 차려도 좋다. 단순한 대리점이 아니라 여러 FTA 체결 국가에 설치되는 글로벌 통신 사업 네트워크를 구축하라는 말이다. 하지만 여기서 한 가지 명심해야 할 것이 있다. 그것은 경쟁자가 모방할 수 없는 차별적인 가치만이 글로벌 경쟁 시대의 진정한 경쟁 요소라는 점이다. 그러면 어떻게 해야 현지 고객들에게 차별적인 가치를 제공할 수 있을까?

혹시 ≪마시멜로 이야기≫를 읽어 보았는가? 세상에서 가장 아름다운 유혹은 성공이다. 그 유명한 ≪마시멜로 이야기≫에는 성공과 관련해 인간의 심리를 꿰뚫는 실험

이야기가 나온다.

미국 스탠퍼드 대학의 월터 미셸(Walter Mischell) 박사는 '마시멜로 실험'을 위해 네 살배기 아이들에게 달콤한 마시멜로 과자를 하나씩 나눠주며 말했다.

"딱 15분. 그 15분만 이 과자를 먹지 않고 참으면 그 보상으로 마시멜로를 한 개 더 줄 거야."

그런 다음 아이를 혼자 방 안에 남겨둔 채 15분을 기다렸다. 이들 중 어떤 아이는 강력한 마시멜로의 유혹을 잘 견뎌내고 15분 뒤에 두 개의 달콤한 마시멜로를 입 안에 넣었다. 물론 그렇지 못한 아이들도 있었다.

정말로 중요한 것은 이 실험의 마지막 결과다. 10년이 지난 뒤, 마시멜로 실험에 참가했던 아이들을 추적 조사한 결과, 매우 흥미로운 사실이 드러났던 것이다. 마시멜로의 유혹을 참아낸 아이들은 그렇지 못한 아이들에 비해 높은 학업 성적과 원만한 친구 관계를 유지하는 경우가 많았다. 스트레스를 효과적으로 다룰 줄 아는 정신력과 작은 인내심이 성공에 한 발짝 더 다가갈 수 있는 단서로 작용한 것이다. 여기서 보여주는 성공의 원칙은 간단하다.

"지금 눈앞에 있는 마시멜로를 즉시 먹어치우지 마라.

그러면 곧 두 개의 마시멜로를 먹을 수 있을 것이다.”

마시멜로 원칙에서 가장 중요한 것은 미래를 보는 안목이다. 지금 당장이 아니라 몇 십 년 뒤의 내 모습을 떠올려야 한다. 바로 이것이 네 살배기 아이들도 정확히 꿰뚫고 있는 성공의 원칙이다.

물론 성공을 위해 더욱 필수적인 요소는 실천을 위한 열정이다. 열정은 어떤 시련이나 유혹도 견뎌낼 수 있는 힘을 갖고 있다. 그러므로 성공을 원한다면 없는 열정도 만들어내라.

그러면 마시멜로에서 얻은 교훈을 참고로 하여 글로벌 시장에 진출하기 위한 차별적인 가치의 예를 들어보겠다.

첫째, 미래를 보고 뛰어라. 어차피 현재는 지나간다. 지금의 고통, 유혹을 극복하면, 더 큰 마시멜로가 주어질 것이다. 글로벌 시장에 미래가 있다.

둘째, 미래의 성공을 향한 불타는 열정이 있어야 한다. 성공에 대한 열정은 동시고금을 막론하고 가장 중요한 기본적인 경쟁력이다. 열정은 부쇠도 녹인다.

셋째, 나만의 가치와 속도로 고객을 만족시켜야 한다. 초경쟁 공간으로 진화하는 오늘날의 글로벌 시장에서 경쟁력의 요체는 전통적인 가격과 품질이 아니라 가치와 속도이다. FTA로 통합된 시장에서는 표준화한 상품 및 서비스의 가격과 품질로는 더 이상 차별적인 가치를 제공하기 어렵다. 오로지 고객이 원하는 가치를 경쟁자보다 신속히 제공할 때라야 살아남을 수 있다. 이것이 차별적인 가치의 핵심이다.

넷째, 한국의 강점인 IT를 활용해 고객을 감동시킨다. 인터넷이 발달하면서 제품에 대한 여론 형성은 갈수록 기업의 통제를 벗어나고 있다. 미국의 시장조사 기관인 포레스터리서치(Forrester Research)는 이러한 흐름을 그라운드스웰(groundswell, 큰 파도)이라고 부른다. 그 이유는 우선 소비자들이 인터넷에 기업 제품과 관련된 정보를 올리는 경우가 늘어났고, 또한 제품 정보를 인터넷에 의존하는 비율이 높아졌기 때문이다. 이러한 현상은 전 세계적으로 확산되고 있다. 그러므로 현지에 없는 차별적인 국내 통신 서비스, 비즈니스 모델, 콘텐츠, 마케팅 기법, 브랜드 등을 갖고 나가 현지 고객들을 감동시켜라.

다섯째, 한국식 마케팅으로 현지 시장을 파고들어야 한다. '가장 한국적인 것이 세계적'이라는 말은 마케팅을 차별화하라는 것이지 현지 실정을 무시하라는 얘기가 아니다. 지금은 소니, 산요, 필립스 같은 많은 글로벌 기업이 오히려 자회사인 한국의 지사나 투자 기업으로부터 마케팅을 배워 큰 효과를 보고 있다. 우리의 마케팅이 역수출되고 있는 것이다. 그러므로 글로벌 기업이 배우는 한국식 마케팅 기법으로 현지인을 매료시켜라.

700만 명의 한상을 활용하라

글로벌 시장에 나가기 전에 네트워크마케팅 사업자들이 반드시 해야 할 선제 작업이 한 가지 더 있다.

먼저 진출하고자 하는 FTA 국가에 사는 사람 중, 아는 사람들의 명단을 만들어라. 꼼꼼히 찾아보면 의외로 많이 발견할 수 있을 것이다. 이민 간 친구, 유학 간 친구 아들, 건설공사로 나가 있는 동창생, 상사 주재원으로 나간 친정 조카, 현지에서 성공한 아버지 친구 등 자신과 직접 관련이 있는 사람도 많이 있다. 또한 사업 파트너들을 모아 함께 조사하면 더 많은 명단을 작성할 수 있다.

그들은 앞으로 현지 사업 파트너가 될 소중한 사람들이므로 미리 파악하고 관리해야 한다. 더구나 그들은 여러분만 알고 있는 것이 아니기 때문에 시간을 끌면 다른 사람이 먼저 손을 쓸 수도 있다. 특히 이 책을 보는 순간 많은 사람이 해외에 있는 지인들에게 연락을 취할 것이므로 시기를 놓치지 않길 바란다. 지금 즉시 파악하고 관리하라.

둘째, 700만 명에 이르는 한상(韓商)을 파트너로 모신다. 전 세계에 나가 있는 700만 명이 넘는 우리 동포들을 파트너로 만들라는 말이다. 세계에서 가장 많은 국민이 해외에 나가 있는 나라가 어디인지 아는가? 놀랍게도 대한민국이다. 물론 6,000만 명의 화상(華商)이 해외에 거주하는 중국, 2,000만 명의 인상(印商)이 있는 인도보다 절대 수치에서는 밀리지만, 거의 2,000년간 나라 없이 세계에 퍼져 살아온 유태인을 제외한다면 인구수 비례로 볼 때 단연 우리나라가 앞선다.

700만 명이 넘는 해외동포는 남한 인구만 놓고 보면 15퍼센트에 육박하고 남북한을 합쳐도 10퍼센트에 이른다. 이런 나라는 세계 어디에도 없다. 그런데 이제 디지털 시대를 맞이해 그 700만 명의 한상들이 우리에게 큰 힘이 되고 있다. 실제로 전 세계 어디를 돌아보아도 우리의 동포들이 살고 있다. 그들을 파트너로 모신다면 글로벌 체인점을 차리는 데 커다란 도움이 될 것이다.

셋째, 국내에 거주하는 120만 명의 외국인을 파트너로 모신다. 한 통계에 따르면 현재 국내 체류 외국인은 203개 나라, 120만 명 규모로 우리나라 인구의 2퍼센트 이상을 차지한다고 한다. 이들은 우리나라에 일하러 온 노동자, 우리나라 사람과 결혼한 외국인, 이민자, 중국 동포 등 그 구성은 다양하지만 어쨌든 대한민국에 살고 있으면서 모국과 연계되어 있다. 이들을 파트너로 맞이한다면 여러분이 그들의 모국에 진출할 때 많은 도움을 얻을 수 있을 것이다. 우선 그들을 파트너로 맞이한 후 글로벌 시장으로 나가라.

여기까지 왔다면 이제 여러분은 글로벌 시장으로 나갈 준비를 갖춘 셈이다. 사전 준비가 힘들어 보이는가? 하지만 준비는 곧 생존을 담보하는 토대다. 당장 영국의 BT, 프랑스의 FT, 스페인의 텔레포니카 같은 국제 통신 시장의 거인들이 국내에 들어온다면 여러분은 안마당은 물론 동네 골목에서도 그들과 싸워야 하지 않는가?

공격은 최선의 방어법이라고 한다. 이제 FTA로 인해 국내 시장 혹은 글로벌 시장을 구분하는 것 자체가 무의미해졌다. 앞으로 이렇게 구분하거나 그 구분에 얽매이는 자는 망하고 말 것이다. 왜냐하면 규칙이 바뀌었기 때문

이다. 바뀐 규칙을 모르고 옛날 규칙을 고집하면 퇴장당
하기 십상이다.

5. 흰기러기 둥지는
경계선이 무너진 곳에 있다

지금까지 여러분은 살아남기 위해 먼 길을 달려왔다. 비록 힘들긴 했지만 나름대로 준비도 했다. 이제 흰기러기 둥지를 찾기만 하면 된다. 북극곰은 그것을 찾았다는데 내 흰기러기 둥지는 대체 어디에 있단 말인가?

여러분의 흰기러기 둥지를 찾고 싶은가? 그렇다면 마지막 관문을 통과해야 한다. 이 문을 통과하면 흰기러기 둥지가 보이지만 통과하지 못하면 보이지 않는다. 그러면 그 문을 통과하기 전에 다음의 사례들을 살펴보자.

사람들은 대개 번개는 하늘에서 땅으로 내려치는 것으로 알고 있다. 하지만 구름에서 하늘로 올려치는 역발상의 번개, 즉 자이언트 제트도 존재하는데 이것은 그 크기가 어마어마하다고 한다. 2008년 미국 듀크 대학 연구진은 열대 폭풍 크리스토발을 관측하다가 구름에서 60킬로미터 위쪽 상공을 향해 올려치는 자이언트 제트 현상을 촬영하는 데 성공했다. 이것은 하늘에서 땅으로 내려오는 번개보다 수십 배 이상 큰 번개다. 하긴 드넓은 하늘을 향해 올려치니 거리낄 것이 무엇이 있겠는가. 이는 자연이 보여주는 오묘한 역발상의 진리라고 할 수 있다.

15년간 15권의 ≪로마인 이야기≫를 쓴 일본의 여류작가 시오노 나나미(鹽野七生)는 로마제국의 힘의 원천을 개방성에서 찾는다. 지성에서는 그리스, 체력에서는 게르만, 경제력에서는 카르타고보다 못한 로마가 1,000년간 번영한 것은 타민족에 대한 개방성과 유연함 때문이라는 것이다. 그러면서 다음과 같은 결론을 내리고 있다.

"내부의 적에 정신이 팔려 외부의 적에 신경 쓰지 못한 민족은 단명했다."

이 결론의 좋은 사례를 찾기 위해 굳이 먼 옛날로 돌아갈 필요는 없다. 건국한 지 230여년 밖에 되지 않는 미국의 힘이 과감한 이민 정책, 즉 개방성에서 나온다는 것은 분명한 사실이다. 특히 아프리카 케냐 출신 유학생을 아버지로 둔 오바마 대통령은 열린 정책의 산물이다. 역사상 최고의 영웅인 칭기즈칸은 후손들에게 이렇게 경고했다.

"성을 쌓고 사는 자는 반드시 망할 것이며 끊임없이 이동하는 자만이 살아남을 것이다. 내 자손들이 비단옷을 입고 벽돌집에 사는 날 내 제국은 망할 것이다."

이러한 사례가 주는 교훈은 무엇일까? 바로 역발상과 개방이다. 그러면 이제 여러분이 마지막으로 통과해야 할 관문이 무엇인지 말해 주겠다. 그것은 바로 역발상을 통한 개방의 문이다. 그 경계선을 통과하면 흰기러기 둥지가 있다. 해답은 경계선이 무너진 곳에서 나오는 것이다. 의식의 경계선, 사고의 경계선, 아집의 경계선, 집단 이익의 경계선이 무너진 곳이 바로 흰기러기 둥지가 있는 곳이다. 경계선을 넘는 것, 이것이 바로 출구전략인 것이다.

통신 사업자에게 흰기러기 둥지는 바로 글로벌 시장이다. 글로벌 시장의 문은 FTA가 열어줄 것이므로 여러분은 역발상으로 그 문을 통과하기만 하면 된다. 더 이상 국내 대리점에 미련을 두지 말고 경계선을 통과하라. 글로벌 시장에 통신 체인점을 차려라. 경계선이 무너진 곳에서는 꽃이 피어난다. 끝.

감사합니다.

이창우 배상 (star222@dreamwiz.com)

참신한 원고를 찾고 있습니다!

도서출판 아름다운사회는 네트워크 마케팅 전문 출판사로서 네트워크 마케팅에 대한 이해와 사업 성공을 도울 수 있는 도서를 출간하고 있습니다. 기존 방식의 네트워크 마케팅 출판방식에 머무르지 않고 디지털 정보화 시대의 새로운 요구와 환경에 맞도록 변화하기 위해서 저희는 많은 노력과 투자를 하고 있습니다.

저희 아름다운사회는 사업의 현장에서 성공의 원리를 터득하고 꿈의 비즈니스를 향해 뛰고 있는 사람들을 위해 실질적으로 도움을 줄 수 있는 원고를 모집하고 있습니다. 자신의 꿈을 펼치기 위해 사업의 기회를 찾거나 사업을 진행중인 사람들을 위한 자기성공과 동기부여, 인간관계, 리더십 등 참신한 원고를 기획중이거나 집필 계획을 가지고 있는 분들은 많은 응모 부탁드립니다.

새로운 세계와 더 나은 미래를 열어가기 위한 기회에 함께하려는 분들의 많은 참여 기대하겠습니다.

주소 : 서울시 강동구 성내동 446-23
　　　덕양빌딩 202호 (㉾134-033)
TEL : (02)479-0023   FAX : (02)479-0537
E-mail : assabooks@naver.com
담당자 : 서설 대리

새로운 세계와 더 나은 미래를 열어가는
아름다운사회가 되겠습니다!

통신 빅뱅,
출구전략을 찾아라!

1판 1쇄 찍음 / 2009년 10월 14일
1판 1쇄 펴냄 / 2009년 10월 16일

지은이 / **이창우**
펴낸이 / 배동선
마케팅부 / 최진균, 서설
총무부 / 양상은
펴낸곳 / 아름다운사회

출판등록일자 / 2008년 1월 15일
등록번호 / 제2008-1738호

주소 / 서울시 강동구 성내동 446-23 덕양빌딩 202호 ㉵134-033
대표전화 / (02)479-0023   팩스 / (02)479-0537
E-mail / assabooks@naver.com

ISBN 978-89-5793-162-2-03320

값 6,500 원

* 잘못된 책은 교환해 드립니다.